宁波文化丛书

宁波文化丛书 第二辑

主编 陈利权

鼓楼钟声

宁波老城的生命印记

周东旭 著

宁波出版社
NINGBO PUBLISHING HOUSE

本书系宁波市文化研究工程项目

图书在版编目（CIP）数据

鼓楼钟声：宁波老城的生命印记/周东旭著．—宁波：宁波出版社，2017.10
（宁波文化丛书．第2辑）
ISBN 978-7-5526-3080-0

Ⅰ．①鼓… Ⅱ．①周… Ⅲ．①文化史—宁波 Ⅳ．① K295.53

中国版本图书馆 CIP 数据核字（2017）第 254334 号

丛 书 名	宁波文化丛书·第二辑
丛书主编	陈利权
本册书名	鼓楼钟声：宁波老城的生命印记
著　　者	周东旭
责任编辑	张爱妮
责任校对	王　丹
装帧设计	金字斋
出版发行	宁波出版社
地　　址	宁波市甬江大道1号宁波书城8号楼6楼
邮　　编	315040
网　　址	http://www.nbcbs.com
电　　话	0574-87264975（编辑部）
印　　刷	宁波白云印刷有限公司
开　　本	710毫米×1000毫米　1/16
印　　张	14.5
字　　数	210千
版　　次	2017年10月第1版
印　　次	2017年10月第1次印刷
标准书号	ISBN 978-7-5526-3080-0
定　　价	35.00元

（版权所有　翻印必究）

图书若有倒装缺页影响阅读，请与出版社联系调换。电话：0574-87248279

总序

唤醒宁波的文化之魂

◎ 何　伟

（一）

中国的古城实在不少，若论我国沿海最早的文化古城，只要稍稍具备历史地理的眼光，都会聚焦宁波——中国大陆海岸线的中点。

这座从远古走来的名城，河姆古渡的骨哨一吹就是七千年，展开了一幅幅风云际会的历史长卷。翻开谭其骧先生主编的《简明中国历史地图集》，不难发现宁波在我国沿海各大城市中的"早熟"：当宁波沐浴河姆渡的文明曙光时，我国海岸线上的先民基本还处于文明的空白处；当宁波先秦时期设县建制，广州还是邻近番禺的宁静村庄；当宁波唐代建州（相当于今天的地级市），已是"海外杂国，贾舶交至"的繁华城市，此时的上海还只是一个海滨渔村；宋代的宁波已是我国闻名国际的四大港口城市之一，天津还是名不见经传的一片滩涂；及至近代宁波作为"五口通商"被迫开埠，青岛、大连等城镇化才刚刚起步，更不必说改革开放后才崛起的深圳了。

如此"炫耀"的类比，无意仰己抑人。只想说明，以商城闻名的宁波，其实是隐身的文化重镇。其文化价值和地位，显然是被低估了。仅以中华文明源头之一的河姆渡为例：其制陶、稻谷和干栏式建筑的发现，修正了我国学术界总把黄河流域作为中华民族的唯一摇篮的定论，确认了长江流域是中华民族另一个发源地。其出土的代表海上活动的六支桨，印证了宁波先民是我国"海上丝绸之路"的先驱，为我国台湾和太平洋岛屿的文化作出历史性的贡献。澳大利亚悉尼市迪米蒙地电影制片公司在20世纪80年代拍摄了一部记录太平洋沿岸历史的影片，其序幕就是从河姆渡开篇的。

宁波文化矿藏的丰富性和不凡品质，还在于这里是海上丝绸之路的起源地之一，中国大运河的出海口之一，沿海城市中建城的起源地之一，金融史上我国钱庄的发源地之一，海运史上造船和航海的发源地之一……总之，宁波文化是整个中国文化经络中一个很关键的穴位。宁波的历史区域文化，犹如一座丰盈的藏书楼，在文化复兴的聚光灯下，亟须整理与传播。

宁波历史文化何其久也，宁波地域文化何其丰也，先贤前辈们已经为宁波开辟出了一块文化沃土。每念及此，作为祖籍宁波、生活于宁波的我，不禁对家乡深厚的文化遗产肃然起敬。可是，在今天追赶现代化国际港口城市的目标时，有多少宁波人还记得曾经的灿烂？又有多少人了解宁波往昔的辉煌？

（二）

区域文化研究的兴盛和传承，是近年来国内学界的独特景观，既得益于文化的复兴，又受到区域发展竞争的推动。齐鲁文化，燕赵文化，三晋文化，巴蜀文化，吴越文化，荆楚文化，岭南文化，等等，不一而足。这股热潮也波及作为吴越文化分支之一的宁波文化。

某种文明的价值观、思维方式和风俗习惯等，根本上是由地缘自然条件所决定的。文明所处的地缘环境与精神性格之间有着必然的因果关系。法国历史学家布罗代尔认为，影响一个文明的精神气质最根本的因素，是地理条件和自然环境，换成老百姓的说法,就是"一方水土养一方人"。

宁波地处东海之滨,三面环山,潮汐出没的宁绍平原居中,多类型地貌孕育出姚江、奉化江、甬江流贯其中,江河湖海点缀其间,构成了宁波"经原纬隰,枕山臂江"的地理特征。"南通闽广,东接倭人,北距高丽,商舶往来,物货丰溢。"(宝庆《四明志》)"自宋以来,礼俗日盛,家诗户书,科第相继,间占首选,衣冠人物甲于东南。"(成化《宁波府志》)

文化早熟的宁波好比一个内敛聪慧的智者,有外貌形象,有性格气质,也有个性脾气。发源于四明,耸立于三江,兼得中西交汇之利,倚其7000年的文明发展,塑造了一整套属于自己的优秀文化符号、习俗和精神,说得洪亮一点,叫作"宁波文明"。

每一个城市都有自己的来龙去脉,每一座城市都有独特的文化符号。宁波的文化特质,如果要用极精简的字词来表达,就是"江海"和"商贾"。水路交通和商帮文化是阅读宁波风云际会悠长岁月的两个关键词。伸展开来,从类型看,有海洋文化、农耕文化、港口文化、海防文化;从特质看,有商帮文化、耕读文化、工匠文化、饮食文化;从思想看,有浙东文化、佛教文化;从文人看,名儒硕彦,人文荟萃,有南宋的心学先贤"甬上四先生",有先生之风山高水长的严子陵、知行合一的心学大师王阳明、开启日本明治维新的导师朱舜水、工商皆本的民本思想家黄宗羲……正可谓千年古城,百年风云,几度沉浮,气血不衰,乃文化之力也。

(三)

一座城市的持久吸引力,不在林立高楼,而在文化气质。让城市站立不衰的,是文化"软实力"。表面上看,决定城市差异的是经济,骨子里是文化。今观神州,仰赖房地产狂奔的造城运动,流水线般建造的排排高楼大厦取代古城旧貌,割断了多少城市的历史脉络，推平了多少地域审美特征，埋葬了多少丰厚的历史记忆，已经无法计算。宁波籍文化大家冯骥才先生认为，我们中国历史悠久，民族众多，地域多样，每个城市都有独特和鲜明的城市形象。可惜，现在我们660个风情各异的城市形象基本都消失了，即使有，也支离破碎，残缺不全，很难再呈现出一个整体的城市形象。眼下，追名逐利遗失了文化，随波逐流遗忘了故乡，身在故乡而不知故乡何在。

物欲越是膨胀，文化越是珍贵。宁波人之所以成为宁波人，并不是因为出生在宁波，而是身上承载着宁波的文化符号和基因。这些由宁波的风俗、语言和信仰因素组成的"宁波腔调"，以及地缘、血缘关系组成的坐标系，会让人们知道自己是谁、从哪里来。不论你身处世界何地，只要据此便可找到家乡，认祖归宗。如果遗失了宁波文化，即使站在这片土地上，也很难再是宁波人。令人忧心的是，在现代化城市化的急切步伐下，本土历史文化面临诸多存亡考验。公路毁了，可以修复；房屋塌了，可以重建；文化遗产一旦"消失"，如同绝迹的物种，没了，就永远没了。现代人精神家园的迷失和情感归属的危机，成为一种流行国际的精神疾病，正是文化除根后流离失所的后遗症。

今天的宁波缺什么？不少人感叹缺文化，我看来，表述不很准确。宁波并不缺少文化，缺的恐怕是对丰厚文化的记忆和传承。"文之无书，行之不远"，作为文化工作者，作为宁波人，我们深恐随着时间的推移，宝贵的精神财富因文字的阙如而流失，随着记忆的衰退而归零。把文化摆在什么位置，不仅仅取决于政府，更取决于每一个厕身其间的市民的态度。文化是城市之魂，是我们这座城市安身立命的基座。唤醒城市记忆的味道和画面，保护并标出宁波的文化风景线，绘制文化地图延续文脉，亟须一套权威、全面、通俗的文化读物。本丛书的出版和传播，即是努力之一。

（四）

　　本丛书的编纂，虽非规模浩大的文化工程，却颇费周折，几起几落，幸得宁波文化事业基金委员会慧眼识珠，忝列扶持项目，又得宁波市委副书记余红艺及市委宣传部等部门的鼎力支持，宁波出版社调集精干，组织本地学界文化精英，殚精竭虑，撰写这套丛书。

　　自 2012 年始，编纂委员会成立并确定了丛书的编纂大纲，专家们从宁波地理文化和历史文化的坐标中，尽可能筛选出具有鲜明特色和传承价值的内容作为首批选题。第一辑八种，选题侧重反映对宁波发展最具影响力、最具代表性的八个方面地方特色文化。计划此后逐年推出各类文化系列，集腋成裘，奉献出宁波文化的"满汉全席"。

　　丛书着力点不在学术钻研和考证，而在文化的普及和传播，定位在文化"小吃"，充其量是宁波文化史的通俗版、系列专题篇，绝非贯通一气的皇皇巨著。丛书力求编排图文并茂，文字通俗易懂，集知识性与文学性、学术性与普及性于一体，雅俗共赏，老少皆宜，为大众提供一张文化寻根的导游图，以及一杯安顿旅者心境的下午茶。于闹市中拾取一份宁静，于纷繁中理出一片安详，于浮尘中闻到一缕书香，于物欲中寻得精神的家园。

（本文作者为宁波日报报业集团原党委书记、董事长）

目　录

总　序　唤醒宁波的文化之魂 … 001

【一】鼓楼钟声 … 001
　一　钟声悠悠源流长 … 002
　二　日暮城楼传戍角 … 006
　三　督学行署儒林史 … 025
　四　元代仓储永丰库 … 033

【二】街巷河渠 … 039
　一　赫赫岩疆雄浙水 … 040
　二　衙署幽深枕画桥 … 056
　三　秋深街巷槐花雨 … 059

【三】社庙寺观 … 071
　一　春烟寺院敲斋鼓 … 072

鼓楼钟声

【四】圣徒先贤

二 药灶香浓道院深 … 080

三 社鼓咚咚赛庙回 … 091

一 巍巍芳躅想前贤 … 101

二 千载欲追圣人徒 … 102

三 乌衣旧宅犹能认 … 133

四 春风送暖万象新 … 137

五 谯楼鼓角晚连营 … 185

鼓楼钟声

205

〔二〕鼓楼钟声

《宁郡地舆图》

一、钟声悠悠源流长

旧时的中国是一个礼制社会，儒家的"礼制"思想深入影响着每一个事物，筑城也不例外。条条框框都有相应的规定，都城什么规格，府城什么规格，县城什么规格，都有规矩可循，一定要遵从，否则视为僭越。《左传》里就有郑庄公纵容弟弟太叔段的例子，太叔段最初的表现就是筑城规制上的不合礼制，暴露了野心，而庄公一直纵容到太叔段酿成大祸，然后名正言顺地除去了心腹之患。

宁波的古城，从鄞江小溪迁到三江口，也遵循了礼制，以镇明路为中轴线，以中山路为横轴线，而鼓楼（海曙楼）就在古城的中心位置，她是明州城建城的标志性建筑，历经千年，屡废屡建，现存建筑为咸丰年间段光清所修建。古城有子城（内城），也有罗城（外城），罗城十八里，唐时修筑十个城门，到明代时恢复六道门。直至民国，城墙拆除以后，留下了六个路名，这一圈路，老宁波叫作"环城马路"。城外设护城河，西边有北斗河，东有濠河，北则以姚江为枕。因为不是平原，所以这条条框框的规矩，是因地制宜的遵守了。

1935年镇明路改建马路

子城内，现今的鼓楼公园路历史街区内，还有考古挖掘出来的庆元路永丰路遗址，"元代""仓储"，两个关键词放在一起，在文物遗址里，应该算是很难得的，更何况出土了800多件文物，其中有世界各地的瓷片，2002年被评为全国十大考古新发现之一。

督学行署在府桥街，应该是老城内唯一与衙署相关的古建筑，它是科举时代的产物。西侧有呼童街，也是因为此建筑而命名。这里周边曾是校士馆，每次考试，上面便会派人下来督查官员，官员就在这督学行署里办公。宁波历史上出过12位状元，3000多位进士，也可谓是江南多才子了。江南相比北方，总是要安稳得多，社会稳定，必定重视文化教育，教育一重视，科举考试的人就多，中的进士也就多。

宁波老城内的道路多半不是特别的直，离宁波人说的"笔直""刮直"还是有很大的差距，原因是宁波城旧时是一个水乡城市，道路边上都有河道。有时候，船行水路甚至比陆路还要方便，"摇啊摇，摇到外婆桥"，桨声欸乃，河埠头、拱桥，在老照片里，与绍兴、苏州等城市的也是十分相像，但在民国时代，旧城改造拓宽马路，填埋了河道。于是十几条河道便消失得无影无踪，除了在地名里稍微还有这么一点印记。古城的水从四明山而来，它山堰引樟溪水入南塘河，入南门潴为日月双湖，西塘河从横街、林村而来，入北斗河，出北郭保丰碶，注入姚江。犹如两条大动脉。静静地流淌在古城中。深水静流，感悟着城市古往今来的命脉。

以鼓楼为主心，中山路与镇明路交界，"丁"字形的路口，把老城分为三个区块，即现在的鼓楼、江厦、月湖三个街道（江厦、月湖以解放南路为界），政治、经济、文化，各得其一。

鼓楼一直是府治、县治的所在地，现今的海曙区政府依然在鼓楼街道境内。东门口江厦街一带，商业素来十分繁荣，谚语云："走遍天下，不如宁波江厦。"虽是乡人自夸之语，但夸张得并非太离谱。月湖则是历来文人学士聚集之地。"庆历五先生""淳熙四君子"在湖边开办书院，兴教讲学，使得月湖有"浙东邹鲁"之誉。四明史氏家族择居于月湖，为月湖增添了许许多多的人文掌故。明代天一阁藏书楼，闻名海内。除天一阁外，还有许多藏书楼在月湖边上，增添了月湖的书香。我们简单地按现在的因素分类了一下古城，其实在古代，古城内也有对城市功能区块的分类。城市的两大最基本功能，即是居住和商业贸易，离不开道路街巷绿化、防火、排水等环保公益事业。因为鼓楼区域是政治中心，所以出过很多名宦，唐代迁州治的韩察，修造灵桥的应彪、羊僼、黄晟，宋代的钱亿、李夷庚、曾巩、仇悆、张津、魏王赵恺、范成大、吴潜，明代的王珵、蔡贵易，清代的邱业、曹秉仁。县官也有许多，宋代王安石 27 岁即来鄞县任县令，清代的杨懿因公而殉职，晚清时代任宁绍台道台的段光清、薛福成、喻兆蕃，一个个对治理宁波都有着或多或少的贡献。

信仰、科学、艺术是拉动人类文明进程的三驾马车，世界三大宗教信仰佛教、基督教、伊斯兰教，寺庙、基督堂、清真寺在老城内都有，但中国人传统信奉的宗教儒、释、道则是遍地开花的。在鼓楼区域内的中山广场原即是宁波府学孔庙所在地。在第二医院之间，有一条小巷叫作佑圣巷，佑圣是北方玄武大帝的又一称呼，此地原有佑圣观，佑圣属道教信仰。报德观在横河街，祭祀唐末明州刺史黄晟，民国高僧弘一大师曾住过白衣寺，

月湖旧照(《宁波旧影》)

鼓楼旧照(包腊相册)

江厦街旧照(《宁波旧影》)

鼓楼沿标志

天宁寺的唐塔是宁波老城最古老的建筑。

在鼓楼街道区域内，同样聚居着很多的名人，保留下来大量名人故居，冯孟颛与伏跗室，有"近代赵子昂"之称的赵叔孺旧居即在伏跗室的后进。"慈溪四才子"之一的冯君木的回风堂、葛夷之旧居均在宝兴巷，还有叶宅、沈元戎第、林宅、屠滽故居、万氏别第、屠园巷、张苍水故居。虽然区域不是特别大，但名人故居旧迹如此密集，也是很少的。

鼓楼悠悠的钟声，每敲一声，犹如湖中投入一块石头，水波向四处荡漾，钟声悠悠，似乎从古时穿越而来，又由近及远。一个有历史文化的城市，让钟声显得更有历史的厚重感。钟声响起，每一声，似乎都有包含着一个故事。

二、日暮城楼传戍角

（一）古城的历史沿革（子城、罗城、海曙楼）

中国古代城市选址原则可以概括为以下几个方面：

（1）选择适中的地理位置，即"择中"原则。

甲骨文

（2）考虑可持续发展的因素，即"度地卜食，体国经野"的原则。

（3）考虑自然景观及生态因素，即"国必依山川"的原则。

（4）考虑设险防卫的需要。

（5）考虑水源及交通问题，往往选择水陆交通要冲。

其中，往往会提到两个字"风水"，"风水"之义，盖为考察山川地理环境，包括地质、水文、生态、小气候及环境景观等，然后择吉而营筑城郭室舍及陵墓等，实为古代的一门实用的学术，所以国家机关中，也有钦天监专设官员职守风水事宜，如《大清会典》载："凡相度风水，遇大工营建，钦天监委官，相阴阳，定方向，诹吉兴工。"

历代都城建设中注重"择中观"，即选址时探求其适中的地理位置，通常为一个区域的地理文化中心。同时，聚落、城市等的基址皆背山面水，一般位于水曲处或河流交汇处，周围众山环抱。此外，都城的布局结构也模式化，即"择天下之中而立国，择国之中而立宫，择宫之中而立庙"。"择中"的优点和理论依据，可见于《周礼·地官司徒》："地中，天地之所合也，四时之所交也，风雨之所会也，阴阳之所和也。然则百物阜安，乃建王国焉。"

明代吕纪绘宁波三江口图景

早在殷商时期的甲骨文中就有占卜建都的记载。周公在主持洛邑的营建时也曾预先进行相土勘测，辨方正位，所谓"予惟乙卯，朝至于洛师……我卜河朔黎水，我乃卜涧水东、瀍水西，惟洛食……我又卜瀍水东，亦惟洛食"。(《尚书·洛诰》)战国时期则出现了伍子胥"相土尝水，象天法地"的城市布建原则。所谓"象天法地"，意指人间的山河大地总与天上的日月星辰感应相通。如在天为帝座星宫，在地则为帝王都城；天上有四垣九野，地上即以墙垣营建城郭，以分地域九州。这一思想在西汉时期由董仲舒进一步发展为"天人感应"学说，"天者，群物之祖也。故遍覆包函而无所殊，建日月风雨以和之，经阴阳寒暑以成之，故圣人法天而立道。"(《汉书·董仲舒传》)在《史记》中，司马迁曾专列"天官书"以论日月星辰之象，以中宫天极星为中枢，辅以三公、子属、正妃、后宫，旁及内宫、外职及士农工商，形成一个秩序严整的天上王国，并与地上的人间社会形成对应关系，所谓"众星列布，体生于地，精成于天，列居错峙，各有攸属。在野象物，在朝象官，在人象神。"(《晋书·天文志》)在城市建设的实践中，古代城市大致都以天人相通、天人感应为理论前提，并通过风水观念中的相土堪舆、阴阳术数等具体手法，以达成"天人

天童山下

合一"的强烈效果。

唐代明州城筑在三江口,对于风水有这样的故事,据说晋代玄学家郭璞曾预言三江口会发展成为大都市。现今的奉化江口,有一座山,旧志上称"江口山",现今叫作甬山或塔山,"自四明山分为雪窦诸山,东衍至此,山上有塔,山半有清水庵,俯瞰长江。山阴为鄞境,山阳为奉化境"。据说郭璞曾云游至此,叹曰:"明山剡水,气势涌涌,五百年后必成一大都郡。"

三江口明州城"东屏太白,南瞻金峨,西依四明,北坐骠骑。三江交汇,一水入海"。是一块"天地人合一"的风水宝地,体现了地理位置"择中"的原则。

太白山,又名天童山,即东南名刹天童寺后的那座山。山南属东吴镇,距宁波东23公里。山的西北属五乡镇,东属北仑区,为鄞州、北仑界山。主峰海拔656.9米,在五乡镇境内,是鄞东最高峰。山域面积8平方公里,产茶、松、杉柳等。

太白山的名字起源于一个传说。相传晋永康(300—301)中,僧人义兴在此结庐修行,太白金星受感而化为童子,日供薪水,久乃辞去,离开的

万松关(《宁波旧影》)

时候说了这样一句话:我是太白金星,是受玉帝的命令来侍奉您的。说完就不见了,所以有了太白、天童的名字。

太白山高峻挺拔,峰峦奇秀,有玲珑岩、龙隐潭、万松关等胜景。山麓有始建于西晋永康元年(300)、距今1700多年的天童寺。天童寺在中国佛教界地位崇高,是我国佛教五大丛林之一,是日本佛教曹洞宗的祖庭。

金峨山,因山似振翅欲飞的天鹅,故古称金鹅山。距宁波南25.5公里,山的东面是鄞州横溪镇,其余属奉化市,为鄞、奉界山。山域面积6.7平方公里,"千峰列笏、万壑朝宗",盛产竹、木、茶、杨梅等。主峰团瓢峰,海拔633.4米,因其形得名,高出众山顶,且多岩石,故又名石楼。唐时著名禅宗高僧百丈怀海在此创建罗汉院,山上有岩洞可居,石田平衍,昔人谓为神仙之迹。由于山势峻峭,明代范钦诗中有"突向天中悬绝峰,更向云里构危亭"之赞句。金峨山上山涧叮咚,奇石峥嵘,树木葱茏,景色宜人。素有"神螺拥翠"等十景,博得了历来文人墨客的诸多赞誉。有开创于唐大历年间(766—779)的千年古刹金峨禅寺,寺院前后古木参天,溪流回绕。民国时代的蒋介石、蒋经国父子都曾踏足其间。

四明山,八百里,总二百八十峰,绵亘于鄞、奉化、余姚、上虞、嵊州、新

19世纪70年代的宁波城墙（包腊相册）

昌、天台等县、市区相邻地区，鄞西境内诸山丘多属四明山脉，以小皎溪为界，分南、北两脉。四明山物产丰富，有松、柏及黄杨等树木，出产石耳、雪桃、山芋、五色雉等土物。文人墨客均有题咏。因其中部最高峰芙蓉峰顶有个石窗，俗称"四窗岩"。日月星光可透过四个石窗照射进去，故称"四明山"。道家文献记载：天下有洞天三十有六，其第九曰"丹山赤水洞天"，即在四明山。

骠骑山，旧名"灵山"。其主峰叫"鄧峰"，保国寺就建在山下，隐蔽在"马鞍"之凹。相传东汉骠骑将军张意及其子中郎将张齐芳曾隐居于此，后舍宅为寺。因寺址在灵山，也称"骠骑将军寺"，后废。唐广明元年（880）重建，名保国寺。后几度兴衰，到北宋大中祥符六年（1013）重建。建筑具有独特风格，庄严朴实，至今已有千年的历史。

选址后，就是筑城。筑城有"城郭之制"，从春秋一直到明清，除秦始皇的咸阳外，其他各朝的都城都有城郭之制。城郭之制即"筑城以卫君，造郭以守民"，"内之为城，外之为郭"的城市建设制度。一般京城有三道城墙：宫城（大内、紫禁城）、皇城或内城、外城（郭）；府城有两道城墙：子城、罗城。对于筑城方法：夏商时期已出现了版筑夯土城墙；唐以后，

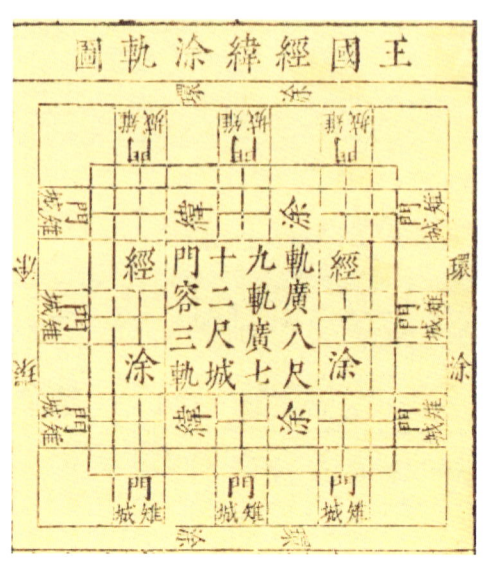

《考工记》里的九经九纬图

渐有用砖包夯土墙的例子；明代砖产量增加，砖包夯土墙才得到普及。城门门洞结构，早期用木过梁，元以后砖拱门洞逐渐推广。水乡城市依靠河道运输，均设水城门。此外，为防御侵袭，有些城市还设有"瓮城"、"马面"、城垛、战棚、城楼等设施。

筑城有两种理念，一是中国人根深蒂固的礼制理念。《周礼·考工记》："匠人营国，方九里，旁三门，国中九经、九纬，经涂九轨，左祖右社，面朝后市，市朝一夫。"这是中国最早的城市规划，渗透着中国儒家"礼制"的概念。《考工记》里规定城邑礼制为三等。一为奴隶制王国首都王城；二为诸侯封地国都诸侯城；三为"都"，即宗室与卿大夫采邑。三级城邑，尊卑有序，大小有制。《左传》里有一个郑伯克段的故事，郑伯的弟弟共叔段阴谋叛乱，在建筑城池时就表现了出来。郑伯的臣子中有一个叫祭仲的说："都城过百雉，国之害也。先王之制：大都不过参国之一，中五之一，小九之一。今京不度，非制也，君将不堪。"用现在的话说就是共叔段的行为已经越级。中国的建筑是用土木写就的政治伦理学。

当然还有另外一种说法，在《管子》一书里说城市规划要"因天才，就

子城遗址

地利""城郭不必中规矩,道路不必中准绳"。同时,在城市与山川环境因素的关系上,《管子》提出"凡立国都,非于大山之下,必于广川之上。高毋近旱,而水用足。下毋近水,而沟防省"。(《立政篇》)"故圣人之处国者,必于不倾之地,而择地形之肥饶者。……故百家为里,里十为术,术十为州,州十为都,都十为霸国。……天子中而处,此谓因天之固,归地之利。内为之城,城外为之郭,郭外为之土阆;地高则沟之,下则堤之。命之曰金城。"(《管子·度地》)

宁波城即是以上各种建城理念的结晶,天人合一,择中,讲风水,因地制宜。

1. 子城

唐长庆元年(821),刺史韩察把州治从小溪迁到三江口,修建子城。对于子城,文献记载寥寥无几。宝庆《四明志》载:"城四周围四百二十丈,环以水。""长庆元年,刺史(韩察)易县治为州,撤旧城,筑新城。设有东南西北四门。"

1997年1月到4月,宁波市文物考古研究所借公园路商业步行街开发建设机会,对子城遗址进行了考古发掘。首先,确认了子城的范围,即

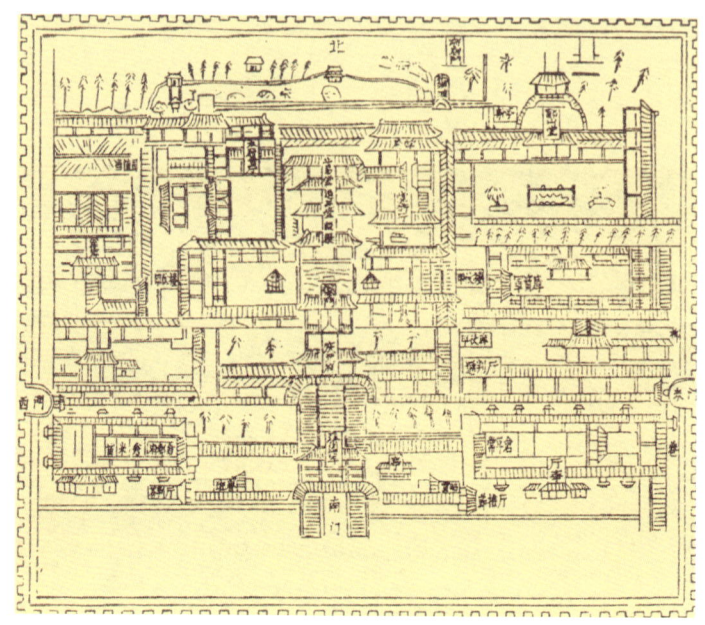

宋代子城内部建筑

南起鼓楼，北至现公园路（府后山）一带，西到呼童街西侧，东到蔡家弄、府侧街；其次，有严谨规范的构筑工艺，城墙的构筑十分讲究，筑城墙的土是从异地运来的，经夯实，城墙特别牢固。城墙两壁用砖石包砌，用泥浆或石灰黏合；第三，有完善的城内排水系统，城墙上特设窨井，便于排水。城内明沟暗沟相互贯通，纵横交错；第四，出土众多窑口瓷器，尤其是西亚波斯陶的发现，有力地证明了明州在海上陶瓷之路上的重要地位。

2. 罗城

子城筑好后，唐末刺史黄晟又筑了罗城。罗城周围二千五百二十七丈许，计一十八里。奉化江自南来限其东，慈溪江自西为限其北。西与南皆它山之水环之。唐末刺史黄晟所筑。唐乾宁五年（898）明州刺史兴工构筑，据黄晟墓碑："此郡先无罗城，郭民若野居。晟筑金汤壮其海峤，绝外寇窥觊之患，保一州生聚之安。"五代时"钱氏据有吴越，明为属郡，后且以子弟镇之，城郭增壮自此始矣"。

据宝庆《四明志》记载，在南宋之前开有十道城门：最北的永丰门，原称保丰门，紧依溪江，南宋开庆元年（1259）改称，又称"北门"，出城即可陆路通湾头，永丰渡过姚江，到庄桥、镇海，城门不远有堰坝、北郭庙，此门

北门外的雪景（摄于 1878—1880 年间）

城外建有"保丰碶"，北斗河和来自林村西塘河之水，必要时可泄入姚江，"民藉此之利，则丰年可保"，因此城门以碶名之为永丰门。沿着慈溪江（今称姚江）向东，沿江开有三道城门，即盐仓门（和义门）、渔浦门、达信门。后两道城门宋代已封闭，过江即称桃花渡。朝向奉化江开有四道门，自北向南为：东渡门（东门），门近三江口；沿江向南还有市舶务门（来安门）、灵桥门、鄞江门，其中鄞江门南宋时已闭，来安门仅有海外商舶来时开，后也闭废。城西有望京门（朝京门），又称西门，门对四明山，门内外建驿站、接官亭，门旁开有水门，大型船可通入城内。在城南的甬水门，又称长春门，也有水门与南塘河相通。北宋至南宋，明州城郭由历代官府和民间不断修缮。元兵进城后毁去罗城，此后仅留下子城。1356 年元人为阻挡方国珍来攻，重筑罗城，开了六道城门，即东渡、灵桥、长春、望京、永丰、和义。

从 1920 年开始到 1931 年，十几年的工夫把城墙都拆光了，改成环城马路，六座城门就是现在六条路的名字：和义门（和义路）、永丰门（永丰路）、望京门（望京路）、长春门（长春路）、东渡门（东渡路）、灵桥门（灵桥路）。

盐仓门旧照

现在还有多少与城池有关的古迹呢？一是鼓楼，现存的建筑是清咸丰五年（1855）重建，1989年曾拨款对该楼进行修缮。二是华美医院，它就是用那些城墙砖造的医院。三是千晋斋，学者马廉爱好收藏古砖，收了一些晋代的城墙砖，最后捐给了天一阁博物馆。护城河现在还在，就是海曙公园边上的北斗河。东南面因为离奉化江还有一些空地，近城的地方，老宁波所谓"咸河头"，即是"濠河"，土音相谐。在和义路口有一个和义门瓮城遗址，城池设有瓮城，或者叫月城，为包围起来的护门小城，如果有敌人进来的话，可以瓮中捉鳖。

2003年，为配合和义路滨江建设一期工程，进行抢救发掘，发掘面积1600平方米，发掘出规模宏大、保存较为完整的瓮城基址1处，并发现南宋古船1艘。关于和义门瓮城的建造年代，从出土南宋晚期至元代青瓷碎片分析，其建造应不晚于元代；同时，结合相关文献记载及其与瓮城位置、城墙宽度、结构等的比较研究，推断该瓮城基址就是元代的盐仓门瓮城，其具体建造年代应在元代至正十年（1350）前后。它的发现，为研究宁波城市发展史提供了新的实物资料。

宁波话中有一个俗语叫"游六门"，是个贬义词，把那种经常在外面瞎

海曙楼参观券

逛不回家的人说成是"游六门"去了。还有一种意思,就是传说中犯人示众要绕城转一圈,也叫"游六门"。

现在的城市格局基本是千年之前定下来的,以鼓楼公园路、镇明路为中轴线,左日湖,右月湖,环城一圈十八里。地图上形状看起来像个鸭梨。

3. 鼓楼(海曙楼)

(1)此楼因何故名"海曙"?

万历十三年乙酉(1585),时任宁波太守的蔡贵易在任上做了一项重要工程——重建鼓楼,取名海曙楼。沈一贯为记,董大晟为赋,当然还有许多文人的歌咏。有一首广为流传的《海曙楼》:

> 太守新成海曙楼,风光胜绝古明州。
> 八窗晓射扶桑日,五夜晴披析木流。
> 戍鼓沉沉催万户,漏声点点滴千秋。
> 丹山赤水高深处,惟有甘棠咏蔡侯。

太守、蔡侯都指蔡贵易。沈明臣(1518—1595),字嘉则,鄞县栎社人,

和义门瓮城遗址

是一位布衣诗人。嘉靖间曾为浙江总督胡宗宪幕僚,参加胡宗宪的抗倭战斗。后幕僚星散,便云游江南各地,写了大量诗文,五十余岁回乡,被乡人尊称为"栎社长"。当然作记的沈一贯更有名,他是沈明臣的侄子,在十六年后的万历二十九年,他位极人臣,成为万历朝的首辅。董大晟也是当时的名士。

经常有人说当年新造城楼是取典于唐代杜审言《和晋陵陆丞早春游望》诗中"云霞出海曙,梅柳渡江春"句中"海曙"二字。蔡贵易是否有这个想法,不得而知了,但沈一贯的《海曙楼记》里并无此说法,多是后人附会。

楼之称海曙也,善哉!明受天命,厄阨僻隅,咸之乎光明,穷溟渤所至,浮天凿空而来,矧是东夏朝夕之池,襟带之国,长安之日,在骧首上者哉。而自壬子来,鲸鲵蹈扬,使我震荡,则楼实为戎府。肃皇震怒,爰整大旅,然后两仪剖,清浊分,民乃筑室返耕。又廿年而始有今日,德厚而慈洽,法明而政平。吏吾土者,大抵惠和洁廉,忧劳吾小民,故民如矇之始睹,偃之始转,日之新出于扶桑旸谷间也,而是楼以成。愿自今官我者一永怀明德,除我丰蔀守窔之扰,而楼乃

1934年西门环城马路旁的庆云楼,是宁波城的钟楼(《宁波旧影》)

尊安喜睥,无幢节貔武之扰,而东向巨浸,长耀其华丹,是所为名海曙哉!

沈一贯的意思,"海曙"大概也有海定波宁、沧海为曙的意思,其中提到的"壬子",可能就是指抗倭的战争,鲸鲵也指凶恶的敌人、海盗。太平社会来之不易,因为社会安定才会有建设。如果天下大乱,谁还关心这些事情。

(2)海曙楼最初是什么样子的?

万历年间的海曙楼是这样的:"楼为五间,前为复宇,左右为翼方,各有露台"。五开间,复宇指层层屋宇,应该是重檐的意思。"址高二丈有八,南北广五丈有四,东西不盈三倍者丈。"按一丈3米算,地基大概有8.4米。那么此楼在唐代是什么样子呢?在唐代,此处为子城的南城门,当年明州刺史韩察将州治从小溪镇迁到宁波三江口,建起官署,又立木栅为城,后又以大块砖石筑成城墙,历史上叫子城,但是它的形制无考。在宝庆《四明志》上有一张明州府治图,古代的地图多半写意,不能当然实物来看,所以我们是无法看到子城南城门最初的样子了。

位于鼓楼街区的刻漏艺术景观

（3）王安石的《新刻漏铭》。

后梁开平三年（909）置明州望海军，鼓楼称为望海军门（楼）。宋太祖建隆元年（960）又改为明州奉国军，鼓楼也随之改称为奉国军门（楼），由太守潘良贵书"奉国军楼"额。

宋庆历八年（1048），太守王周重修，新上任的鄞县县令王安石特为奉国军楼的刻漏作了一篇《新刻漏铭》。

> 戊子王公，始治于明。丁亥孟冬，刻漏具成。追谓属人，嗟汝予铭。自古在昔，挈壶有职。匪器则弊，人亡政息。其政谓何，弗棘弗迟。君子小人，兴息维时。东方未明，自公召之。彼宁不勤，得罪于时。厥荒懈废，乃政之疵。呜呼有州，谨哉惟兹。兹惟其中，稗我后思。

刻漏，中国古代科学家发明的计时器。漏是指带孔的壶，刻是指附有刻度的浮箭。有泄水型和受水型两种。早期多为泄水型刻漏，水从漏壶孔流出，漏壶中的浮箭随水面下降，浮箭上的刻度指示时间。受水型刻漏的浮箭在受水壶中，随水面上升指示时间，为了得到均匀水流可置多级受

海曙楼旧照

水壶。

这位 11 世纪的著名政治家、改革家、文学家在鼓楼上,雄心勃勃地表示要以楼中的刻漏那样弗棘弗迟的速度来改革处理政事,要以刻漏那样勤于报时的精神来管理政治。从表面上来看,王安石是为刻漏作铭,实际上这是一篇决心改革的誓言书。无形之中,也成为宁波城市发展的动力之源。

时间长了,刻漏报时不准,在绍兴三十一年(1161)太守韩仲通请吴人祝岷考古制治铜为莲漏。有记刻于石,签判许克昌写了文章。

元初,蒙古贵族统治者害怕汉人起来反抗,下令拆除全国重要城池,宁波鼓楼也遭拆毁。后社会平定,才又允许重建鼓楼,取名"明远楼"。至元末,方国珍起义大军打到宁波,明远楼又遭大火烧毁。明宣德九年(1434),太守黄永鼎在唐宋旧址上重建鼓楼,楼上正南面题名为"四明伟观",北面悬额"声闻于天"。前形容此楼之壮观,后形容此楼之高耸。

(4)康王逃难的神话传说。

宋高宗时,又改称鼓楼为"奉国军楼神祠"。宋高宗南渡,曾到过明州。传说小康王赵构被金兵追逐,逃到了鼓楼。在康王躲进鼓楼后不久,只见云中出现唐时五将"张巡、许远、南霁云、姚訚、雷万春",他们挥舞大旗,来救小康王。金兵追至楼下,只见蛛网密布,一片荒凉,以为无人进入,遂往他途。由此脱逃的赵构后下诏追封鼓楼为"奉国军楼神祠"。并在祠中塑上五位大将的像。在浙东流传着许许多多的康王逃难传说,几乎人人都能讲上几个这样的传奇故事。比如民女救康王,七牧将军救康王,宁波段塘、下驾桥、惊驾路、宋诏桥、慧灯寺的地名由来,以及民俗中女子出嫁可以坐万工轿,凤冠霞帔,享受皇后级别礼遇等。还有跑马灯起源于泥马渡康王的传说。传说版本之多,无非说明王权不可侵犯,为了真命天子,大家都会冒着生命危险去营救。至于康王是否曾躲在鼓楼,逃避追兵,不得而知了。

(5)清代的多次维修。

清代,鼓楼经过八次修建。

康熙五年(1666),太守崔维雅重修,胡文学有记。

康熙十二年(1673),邱业重修。

康熙二十五年(1686),县令汪源泽重修,大司寇张士甄为记。

康熙五十二年(1713),太守李肃又修。

乾隆四十七年壬寅(1782)毁。石刻多数倒地,只是赋碑完好。

嘉庆十八年(1813)建。

道光二十五年(1845)重修。

咸丰四年(1854)毁,鼓楼现存楼阁建筑为清咸丰五年(1855)由巡道段光清所督建。但段光清并未将这项政绩记录在《镜湖自撰年谱》中。段光清(1798—1878),字明峻,号镜湖,安徽宿松人。清道光十五年(1835)举人,道光二十四年以一等知县分发浙江,历任建德、慈溪、海盐、江山等地知县。咸丰二年鄞县官府因催粮事激起民变,乡民与盐盗一齐冲入城中抢劫,焚烧了县衙。后经浙江巡抚派兵万人到宁波缉捕,又因官兵侵犯而引起羊庙之变,使20余名官员被打死,捕兵亦被打死数百人,吓得官兵星夜逃回省城。三月,段光清调任鄞县知县后,立即采取平粮价、清盐界、诛首凶、散余党、安民心等策略,很快就平定了事变。当地人们都称他为

民国时期的鼓楼(《宁波旧影》)

今日鼓楼

"段青天"。咸丰三年(1853)九月,署宁波府事,十月实授宁波知府。十一月署宁绍台道兼府事,均兼摄鄞县。十二月卸县事,实授宁绍台道道台。咸丰六年调任浙江盐运使。咸丰八年冬任浙江按察使,晋封吏部左侍郎、光禄大夫。同治五年(1866)以原品致仕回籍。光绪四年(1878)病逝,终年80岁,著作有《吟梅草堂笔记》及《镜湖自撰年谱》。

民国五、六年间(1916—1917),宁波警察厅以其居城中区,高可瞭远,于是悬挂警钟于其中。

现在我们可以看到一口传统的铜钟挂在瞭望台上,上面有铭文:宁波警察厅警钟,民国九年巧月,厅长林映青督造,商会长费绍冠重造,甬江顺记厂承造。在《申报》上都可以查到这两位的名字。不过林映青作林映清,据1936年10月21日的《申报》:

城区第二次防空演习于十八日正式举行,经六日来之努力宣传,故人民对于防空常识多数认识,秩序颇为

鼓楼钟楼

良好。中午十二时零五分接敌机自杭侵袭警报后,全城立施戒严令,防空部队全数出发防范。二时三十五分飞机六架已临甬埠,由各工厂竞鸣汽笛,同时鼓楼上之警钟亦大鸣,全部交通阻断,商肆亦闭门停业,空气紧张,直至三时四十分敌机去远,始恢复常态。晚间又接假想敌机夜袭警报,举行灯火管制,全城电炬尽灭,特别戒严,人民闭居不出,十时后又恢复。此次演习因组织严密,事前又因宣传得力,故经过情形良好,为上次所不及。

可见当时鼓楼上警钟在防空演习时的作用。

民国十九年(1930),救火联合会呈请市政府拨租全部房屋为会所,即在这一年,在鼓楼三层楼木结构建筑中间,建造了水泥钢骨正方形瞭望台与警钟台,并置标准钟一座,四面如一,既便于市民计时,亦报火警。

1989年,宁波市总投资约35万元,对鼓楼进行落架大修。整座城楼占地700多平方米,总高约28米,共分7层,门道深16米,门宽6米,为石砌拱形门;其东北依城墙设有踏道,可拾级登城楼;楼为五开间,三层木结构檐歇山顶,气势雄伟。对原城楼上的一些历代匾额等古迹以及重

鼓楼3D灯光秀　　　　　　　　　　　　　　　　　　　鼓楼步行街

修碑记也予以修复。

1998年,为保护和传承鼓楼文化,以公园路步行街为轴心,在鼓楼北侧至中山公园区域,开发出占地面积3.65公顷,总建筑面积6.7万平方米的鼓楼步行街商城。2012年起,对鼓楼步行街进行了整治。制作了鼓楼3D灯光秀,以鼓楼为幕布,从宁波历史长河中提取最具典型意义的元素,以年代的变迁顺序梳理整合。游客们通过投影不仅可以看到鼓楼的历史变迁,还能欣赏到诸如十里红妆、天一阁等反映市井文化、宁波藏书文化、港口文化、商帮文化等多种元素。鼓楼灯光秀,在穿越时空的感觉中,让过往市民兴致盎然地驻足观赏。

三、督学行署儒林史

督学行署位于府桥街66号,"在府治西南,旧为察院行台"(《鄞县通志》),据《敬止录》云:元平准库在清澜池西,明永乐末,已废不用。嘉靖二十四年(1545),知府魏良贵建察院,并其址改为之。本朝不设察院,改为校士馆。或是老城中留下的唯一旧时代官署,所谓督学,按现在的说法

鼓楼督学行署

　　自然是上面派官员来检查监督教育。在科举时代，读书求功名也是一件头等大事，科考更是人生翻天覆地的一场战争，"朝为田舍郎，暮登天子堂"，只要读过古典小说《儒林外史》，就知道明清时代科举对人的影响之巨大。所以考试的时候一定会派人来监督。官员来宁波就在此办公，所以称督学行署。而且是清政府浙江学政在宁波驻地，边上有校士馆（考棚）。所以《鄞县通志》亦称督学行署为校士馆。

　　临着府桥街是一幢五开间的门房，硬山顶。中间是朱红漆的大门，上面悬挂着一块匾，是郑玉浦先生所写。1998年10月，中房宁波公司修建的时候重新写的。郑玉浦先生是甬上著名学者杨霁园先生的弟子，著名书法家。大门旁的房子是有点倒座式的。门两侧有一对抱鼓石，虽然是新刻的，但气势恢宏，略带一些官场的盛气。进门即是一块石碑，上有甬上书法家周节之先生所书的"福荫儒学"四个大字。后背为"四明洪可尧撰文、曹厚德书丹并篆额"的《甬上督学行署修建记》。该建筑于1997年公园路地块改造时由中房宁波公司出资修复。洪可尧先生是宁波老一辈的文物保护专家，对宁波的人文掌故烂熟于胸，有"洪太公"之誉。曹厚德先生是宁波著名的书法家，会塑佛像，20世纪80年代，天童寺的佛像

"福荫儒学"碑正反面

就是曹先生主持所塑，为赵朴初先生认可。曹先生有一枚闲章叫"手塑金身三千"，在全国各地都有曹先生塑的佛像。写字、画画、作诗均独树一帜。大门后有一座小院，迎面就是"澄鉴堂"，这是单檐歇山顶的建筑，前廊置轩棚。据文献记载，厅后内衙有优学轩、省过亭、涤心亭等古迹，不过这些古迹都已消失。

雍正九年（1731），督学李清植、知府曹秉仁建考棚屋。雍正《宁波府志》收录一篇李卫写的《校士馆碑》，详细地叙述了修建校士馆的经过。文章开头说，每个地方都有固定的官员管理，孔子说不在其位，不谋其政，只有督学使者和巡按御史才能全国各地跑。为了接待这些人，每个地方都设了行署，但上面派遣的官员，来了也住不了多少时间就走，平时也就空着，到了考试的时候，地方官员就让人粉刷一下，看看样子还行，但考生就比较惨，这些考棚只能避风雨，因为环境实在太差，坐下来答卷就没法正常发挥才能。对地方官员来说这也无所谓，不是特别急的事，一般就拖一拖。但碰上负责任的官员就不一样了。曹秉仁上任以后就开始关注督学行署的事。"莲西曹守特调来典是郡，雅志修废举坠，目击堂宇之将圮，而考棚卑洼，士子苦于潦湿也，思构新之，经营相度，非若千金不可，顾力有

澄鉴堂

未逮。会晋江李公清植以翰林院侍讲,简命视学两浙,按试宁郡,廉公明慎,甄综无遗才。于是蒙识拔者一,咸欢欣鼓舞,愿各蠲资以助,然仅若千金,数不敷。曹守因酌量诸生之罹于法,而例得纳赎者一,得罚锾若千两,来请于余。余如所请,稗庀材鸠工,委教授章某董厥事。"其中提到了曹秉仁与李清植,一位是当时的知府,一位即是督学,他们让考生捐了一部分钱,便开始这个工程。

建考屋东西各九间,重檐亮格,周以短垣,寒暑适中也。中建卷棚八间,行便出入,日无暴,雨无沾也。凿沟以承檐溜,霪无潴也。大堂、二堂栾楹之蠹腐者一易之,绮疏之,漫漶者綮之,完以好也。拓地川堂之后,建燕寝之堂五楹,爽闿静深,校文宜也。建左右廊房,安僚从也。凡庖厨湢溷,无不周以洁也。统计葺旧者十有二,新构者十者八。竹木、陶壁、灰石、丹漆、钉铰之费,夫匠工食之资,用白金一千五百九十四两有奇。经始于辛亥岁五月,工竣于十月。

花了五个月的时间,修了十二间、新造了十八间房子。花费银

开科取士

一千五百九十四两。

嘉庆十八年（1813），绅士水云等出资增建，他意外获得了五百贯钱，加上众绅士一起捐助，于是新增东边十余间房子。管理这件事的叫郑九韶，将考桌换成厚板、石脚，这样就不易损坏，这部分钱是林廷鳌捐助的，林廷鳌也是著名乡绅，近性楼的主人。

嘉庆二十二年的正月初四，发生了一场"府试场变"，多件事混一起。第一件是这样的，知府姚老爷腐败无能，鄞县儒士府考时，有一个叫隶人孙袁增的人，没有参加考试的资格，但知府姚老爷受了他的行贿，同意让他考试。许多廪生把这件事反映到学院汪公面前，于是把孙袁增扣考，但姚知府心中自然不爽。

第二件事是，生员蔡芷家失窃，被捕快冯东海侮弄，这件事又激怒了众秀才，他们聚集哄堂。杨知县上禀道、府。当时道不在，署事道蒋大人把案犯拘到察院审讯，并加以酷刑，而将蔡芷定徒刑之罪。

第二年当岁考，新学院大人还没到，但是孙袁增声称准考。于是士子们便开始闹事，当时先散书院，有"府考不赴"之说。两件事要有一个说法，于是派保（在科技尚不发达的古代社会，对考生的外貌只能以文字描述

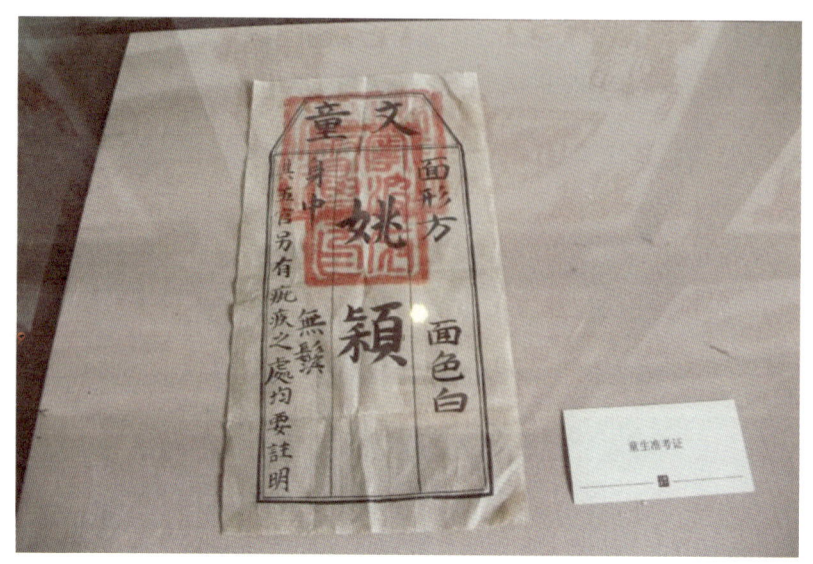

督学行署考生准考证

一些基本特征,主要包括身材的高矮、面色和有无胡须等,其他身份材料则基本上靠考生的自觉填写和地方官学的审查,因此结保证明就十分必要了。一般来说,结保有两种形式:一种是考生互相担保,五个同时参加考试的考生互相担保,也称为"五童结";另一种是由官学的廪膳生来充当证明人,并在结保证明(即"结状")上签字,称之为"认保"或者"派保"。这样,考生在报考和考试中有任何舞弊行为,结保、认保或者派保的廪膳生都要受到牵连,轻则收到降等的处分,重则会有牢狱之灾)集合众廪生的讨论,欲将冯东海枷号,以平士人之心。但是其中一人不允许,于是所有的童生都骂这人是冯的党朋,要打他。但这人只在众人中记住了董珪。到了考试的那天,唱名序进,刚刚进去,见暗处号子坐满,心中非常疑惑。到点至数百名,到了董珪的时候,这个人说了那天的事,姚知府说不要说了,但两廊人声骤起,场外有人听了,以为要打董珪,于是数百人齐喊。姚知府老爷一看形势不对,立马三十六计,走为上计,溜之大吉。于是平时斯文的士子,发疯似的开始打架。

第二天,知府命令各教官、衙役在场中烧锞子(小块的金锭或银锭),设箕祭。箕为二十八星宿之一。命令初十日学子补考。到了时间,某匿

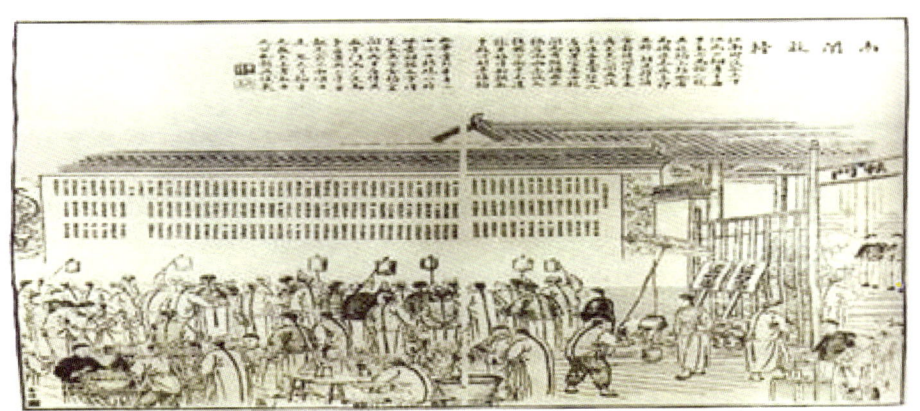

清代科举考试江南乡试放榜图

不保,同知点名,各循规矩,完事后,秘密逮捕那天闹事的,董珪已然逃跑,姚知府也到了省里等候审问,省中各老爷官官相护,明知是知府无能,但按着姚知府的说法,天下雨发生拥挤,踏污卷箱,所以改期补考。于是处分了这些闹事的童生。所以这些事的发生,都因为姚知府的处理不当。

  咸丰十一年(1861),太平军入城后焚毁,同治二年(1863)修复。光绪三十三年(1907)因科举制度废止,其建筑日渐衰败、破损,知府喻兆蕃把督学行署建筑出售给百姓为业,所获经费用于筹办郡校。除"澄鉴堂"作为民居尚存外,其余建筑陆续被拆除或改建。督学行署西侧的一条街被称作为呼童街。因为此地是清朝科举考试童生选秀才之地,考官喊一声童生名号,童生叫应一声"有"或"到",所以有"呼童"之称。在《申报》中还可以检索到许多关于呼童街考生的故事,老城中仅剩的一栋建筑和街巷,其实是一部宁波的《儒林外史》。

  清代,宁波还出过两位状元,或许也是从校士馆走出来的。一为史大成,一为章鋆。史大成(1613—1676),字及超,顺治十二年(1655)殿试卷本被读卷官拟置第三名,顺治帝见其辞显意达,语意雅正,书法端正恭敬,

章鋆状元厅

大为欣赏,钦定进士第一名,授翰林院修撰。历任翰林学士、礼部右侍郎。康熙十五年(1676)知贡举,严科场舞弊之防而宽以文法字迹,闻者莫不感悦。以疾归里,年六十四卒。性敦厚笃谊,爱好诗文,著有《八行堂诗文集》。清康熙《宁波府志》载:史状元第在鄞县东五里许张斌桥,墓在县东。章鋆(1820—1875),字酡芝,号采南,咸丰二年(1852)状元。章鋆少好学,擅长诗文。取状元后,授翰林院修撰。次年,侍奉上书房。后出任四川乡试主考官,充顺天乡试、会试同考官,视学福建、广东。居官好读儒书,新建义学十余所,广以教化,以勤劳卒。著有《闽儒学则》《望云山馆诗文稿》《治平宝鉴》等。章鋆的状元厅旧在西河街,今迁往天一阁博物馆内。

  1997年,该地块按宁波市政建设规划进行改造,其中将公园路建成步行街区,值此鼎新除旧之际,"澄鉴堂"上自栋宇,下迄台阶,均按旧制更换构件,恢复原貌。并于1999年9月8日被列为第二批市文保点。2012年起,鼓楼历史文化街区又有了新动作,在更好地展现鼓楼固有文化特色的基础上,将街区的历史积淀、文化理念与市民的消费观念、消费方式有机匹配,进而更新街区商业结构,提升业态品相。把督学行署打造成为宁波的国学馆,让莘莘学子学习传统文化艺术,成为不定期地举行国

澄鉴堂里的文化讲座

学文化讲座、学术论坛及古玩交易拍卖之类的文化交流活动场所。

四、元代仓储永丰库

庆元路永丰库遗址在鼓楼的东侧，2002年被评为全国十大考古新发现。2006年5月，永丰库遗址被国务院公布为第六批全国重点文物保护单位。之后，宁波市建设、规划和文物等部门对永丰库遗址公园的规划设计方案进行了多次探讨、修改和完善，最终采取了回填保护原址、地表按原样复原并配以绿化景观的遗址公园保护展示方案。2008年5月，占地6100平方米的永丰库遗址公园动工建设，同年11月对外开放。

如此重要的文化遗产是如何被发现的呢？宁波在进入21世纪后，掀起了一股房地产开发的热潮，楼市成了香饽饽，房价涨幅连续三年位居全国之首。商人重利，于是各地房地产商纷至沓来。由法籍华人企业家投资的宁波康来特房地产开发有限公司看中了位于鼓楼东侧原宁波市公安局占地范围近6000平方米的这块"风水宝地"，准备投资2亿多元进行高级商住楼"紫城花苑"的开发。因为该地块是《宁波市历史文化名城保护

永丰库遗址发掘现场

规划》中划定的九大重点考古区域之一，市规划部门在会审"紫城花苑"设计方案时，根据有关地方法规的规定，提出在此地块开发前须进行考古勘探的要求。就这样，2001年3月，一封由康来特公司要求的在开发前进行抢救性发掘的紧急函送到文物部门，在宁波市文化局的委托下，宁波市文保所当即组织专业人员展开前期调查，查阅有关资料、制定发掘方案等，由此引发了一场宁波有史以来规模最大、投入最多、影响深远的城市考古活动。

最后结果是揭开了一场尘封已久的元代永丰库之谜。专家们一致认为，此次考古在唐宋子城范围内进行，发掘了保存完整、规模宏大、形制独特的元代建筑遗址，这在全国都极为罕见。该遗址是宁波城市发展过程中能够保留下来的唯一一处元代建筑遗址，是宁波历史文化名城发展史上的标志性遗址，并为全国宋元时期考古发掘不可多得的实例。同时鉴于该遗址内涵十分丰富，专家们建议揭露整个遗址，并对其进行妥善保护。

随着考古工作抽丝剥茧般地进行，历史的面纱也一层一层地揭开，我们再来说说永丰库的前世今生。

仓库是供贮存物品之用的建筑,从考古资料看,原始社会时就有储粮的窑穴遗址出土。《诗经·小雅》中有"乃求千斯仓"句,西汉文学家贾谊有"仓廪实知礼节,衣食足知荣辱"之说。"仓、廪、府、库"均是中国古代仓库的名称,一般称贮谷的建筑为仓,贮米的建筑为廪,国家贮文书档案的建筑为府,贮金帛财货、武器的建筑的为库。以仓廪作为贮粮处所的通称,以府库作为国家贮藏文件、物资、金帛处所的通称。隋唐以后,商业性仓库逐渐发展,又有邸店、楼店、塌房、栈等名称。

永丰库的前身为南宋"常平仓"。南宋庆元元年(1195),改明州为庆元府,并于子城内设"常平仓"。宝庆《四明志》记:"常平仓,奉国门(即今鼓楼位置)内之东二仓,皆宝庆二年(1226)守胡榘撤旧而新,仓各十一区,区各三间栈阁,以藉米、麦……"常平仓是在粮价偏低的时候,大量收购粮食存放在粮仓中,等到灾荒年间粮价暴涨时,政府又将储存的粮食以平价售出,这样既保证了粮价的"常平",同时又解决了平民百姓的吃饭问题。

元时,"常平仓"改名为"永丰库"。元至正《四明续志》载:"永丰库,在西北隅,明远楼(即原奉国门)里东首,原系宋常平仓基,至元十三年(1276)盖库,差设官攒,收纳各名项断没赃罚抄及诸色课程,每季解省。"所以这座仓库成了堆放罚没物品的仓库,以及负责税收的场所,相当于现在的工商局与税务局,稻谷、房契、市舶等都是永丰库的主要业务对象。据元延祐《四明志》曰:"永丰库,监支纳一员,大使一员,副使一员,司库二。"元代至元二十年规定,诸路总管府"十万户之上者,为上路,……当冲要者,虽不及十万户也为上路"。元代共有路185个,上等路52个,中等路只是个别的,其余一百几十个,都是下等路。庆元路户24万多,这里又是元代三大对外贸易港之一,又据沿海"冲要",是军事重镇。

元中期以后还设有从二品级的军事机构"宣慰领、大使、副使各一员","府仓、大使一员,副使一员"。府仓,应是平准库以外的路级仓库的泛称。元代从中央到地方仓库众多,可算是元代特色之一,其机构品秩最高的是中央的都提举万亿宝源库等四库,为正四品;最低的如右都威卫

永丰库遗址公园

使司所属的广贮仓,为从九品。仓库的官员分别有提举、提领、监支纳、大使、副使、攒典、典史等。司库、库子、本把则为吏员,不属官范围,名称虽一样,因机构级别不同,品级却有高低。

明洪武三年(1370)更名"宏济库"。成化《宁波郡志》载:"宏济库……元为平准、永丰二库,……大明洪武初并为永丰库,三年改今名。"后正统四年(1439),太守郑珞改入府厅后川堂之东,库基遂废。(《敬止录》)今称永丰街。

再介绍一下考古挖掘出什么文物。永丰库遗址总占地面积约9500平方米,考古勘探面积约6000平方米,发掘面积约3500平方米。是一处以两座大型单体建筑基址为核心,以及砖砌甬道、庭院、排水明沟、水井、河道等与之相互联系、布局相对完整的宋元明时期大型衙署仓储机构遗址。

遗址的文化堆积层位关系复杂,叠压年代从汉代、两晋、唐宋、元代、明清直至近现代,局部区域被现代建筑的桩基严重破坏。但距遗址地表平均深约1.5米的南宋至元代的地层和遗迹却保存相对完整,这在宁波历史文化名城核心区的城市考古中是极为罕见的。

永丰库遗址出土文物（宁波博物馆藏）

  同时在遗址中发现了大量重要文物，其中出土历代各类完整或可复原文物 800 余件。尤其是出土的瓷器中汇集了大多数江南和中原地区宋元时期著名窑系的产品，如越窑、龙泉窑青瓷，景德镇窑系的影青瓷、仿定器、枢府瓷，福建产的影青瓷、德化窑白瓷，定窑的白瓷、紫定，建窑的黑釉盏、兔毫盏，以及磁州窑、仿钧窑、磁灶窑和吉州窑等产品。另外还发现有珍贵的唐代波斯釉陶片，这是继福州、扬州发现波斯孔雀蓝釉陶器后的又一次重大发现。另外在清理 F1 的地层堆积时，还有两摞 8 只和 10 只完整的福建白瓷碗重叠出土的现象。

  此外，出土文物中还有大量的建筑构件、少量唐宋钱币和一枚珍贵的铸有阳文"文房之印"的晚唐青铜私印。另有两方元代残碑，明确记有曾任浙东道宣慰使司都元帅"苫思丁"的名字，不失为元代庆元路的重要实物史料。建筑基址和台基的许多包砖上印有各种铭文，多数是工匠名，其中也有"官"字款，表明所烧之砖乃专供官府使用。

  现在的永丰库遗址公园，景色宜人，内涵丰富。鼓楼历史文化街区，正在努力把永丰库遗址公园打造成一个非物质文化遗产的展示平台和举办文化活动的场所，既可以观赏从全国各地引进的富有特色的非遗动态

子城遗址出土韩瓶（宁波博物馆藏）

展示，又可以举行不同的文化活动，如音乐会、秀场、联谊晚会乃至主题晚宴等一系列文化活动。

（根据《永丰库——元代仓储遗址发掘报告》相关资料撰写）

【三】街巷河渠

一、赫赫岩疆雄浙水

（一）宁波城的山水格局

水会让一个城市更有灵动感。江南地区，河流纵横，湖池数量很多，水流畅通，构成水网。像上海的松江府城、青浦县城，江苏的苏州古城，浙江的绍兴都可以说是风格独特的江南水城，宁波同样也不例外。明州在公元 821 年建子城，在 11 年后，又引樟溪水入南塘河，入城区。城区内水网交错，小桥流水，成为一道独特的风景线。

仁者乐山，智者乐水。过去的宁波城是一个名副其实的水上城。水乡城市因水而呈现独特的景观面貌和生活风情，粉墙黛瓦的水乡民居和精细独到的空间组织极具特色。河流、水巷、道路、建筑在空间上相互渗透，密切结合，在景观上互为景致，空间结合巧妙，变化丰富，又隐含秩序。日常生活中的洗涤、取水都依赖这些水。民居都尽可能方便地接近和利用水，很多建筑与河岸成为一体，临水开窗。这些空间布局方式，以及丰富的生活，使得这些水乡城镇的水变得生动和富有风情。形成"家家枕水而居"的风貌。水多因而桥也多，通常几百米之间就有一座小桥。水乡的桥不仅发挥联系陆路交通的作用，也是水乡的景观要素。水乡的桥千姿百态。同时也是观景的最佳地点。水乡古城如诗如画，水乡是一种意境。

虽然因为民国时代旧城改造，道路拓宽，河道多数已填没。但从文献记载来看，依然可以知道过去老城中的水乡风貌。先来说一说宁波城里的河道。宁波城的大水系，以三江六塘河为大动脉，西塘河的南塘河接它山之水汇入城中的日月双湖，西塘河的后塘河从桃源林村而来，从西水关注入老城，城中有十几条河流水道，有数十座古桥，以下一一罗列。

1. 府东河

府东河，北通府后池，接府学前河。南历府东桥、渡母桥、迎凤桥，通平桥河。支港二：一由渡母桥里转西通董庙门内河，历清澜桥，通察院门内河，出行用库桥，入挽花汇大河；一由渡母桥外转东，直通县前河。（周道遵《甬上水利志》）

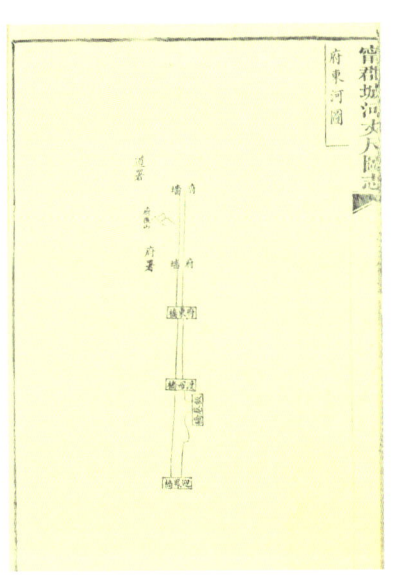

《宁郡城河丈尺图志》中的府东河图

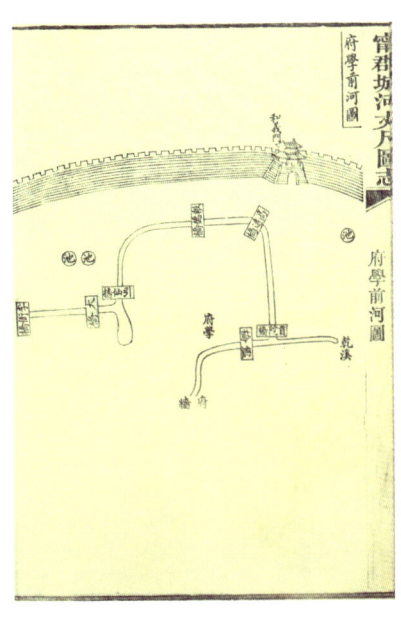

《宁郡城河丈尺图志》中的府学前河图

2. 清澜池

在鼓楼前面，东通府东河于渡母桥北，西通府西河于行用库桥。北宋初年的时候，节度使钱亿为了防火疏浚。太守李夷庚又疏浚后，用挖出来的土去培厚镇明岭。元代至治年间帅府同知德哥、副使沙的又重新疏浚，并修筑了短墙闸护之，留水门，东边的叫清澜门，西边的叫碧漪门。方便老百姓汲水。晚清时代，早已不存，只剩下了清澜桥可以为证。

3. 府学前河

南通府后池，接府东河，东历鉴桥，历乾溪桥，抵乾碶头，西至贡院桥，北经欤飞庙前报德观桥，入黉河头为渠，由引仙桥、大桥、李衙桥达白衣寺前，通府西河。（周道遵《甬上水利志》）

现在的路线，大致从苍水街转解放北路，穿横河街转大桥街桂芳巷到白衣巷、呼童街。

4. 平桥河

平桥旧名四明桥，其河西通月湖，东折南历竹行桥、章耆巷桥、曾家汇桥、永巷桥、广济桥、握兰桥、周家桥、普照桥，东历捧花桥、龙舌头入日湖。其支流有四：一东入市心桥，北流为万寿寺西渠，历广慧桥、柴家庙桥，至萧家桥口通县前河，一自握兰桥北侧东入渔栏桥，一自章耆巷桥南侧西方入章耆巷南，南出解元桥，为县学后河，历傅家桥、均奢桥，入众乐桥河，西出建碑桥入月湖，一自广济桥南西入通安桥与孙家桥一支合。（周道遵《甬上水利志》）

现在大致的路线，从迎凤街到解放南路，沿

着解放南路一直到三角地。

5. 县前河

西历萧家桥、贯桥、饭巷桥,通府东河,东历黄封桥、回渡桥、开明桥、积善余庆二桥、琅琊桥、做絮桥、盐蛤桥、团桥至近东城断,未至团桥数丈南折入生姜桥,入葛家桥,于桥南东折入四港桥断,又自葛家桥历咸塘汇桥,南折入鞠鼓桥,又东南合车桥河,又自生姜桥西折入滑石桥,即俗所谓清水廿条桥直渠,入东寿昌寺桥,又南折达破石河头桥。(周道遵《甬上水利志》)

6. 岳庙西河

北历车桥,西入小江桥,为渠历迎春桥、霓桥,又北通咸塘汇河,南历皂荚庙桥、鄞江庙桥、石桥至明州桥,入于日湖为延庆寺前。一支西入狮子桥,历兴教桥、戚家桥、大福桥、长石桥,西经塔前至王监桥入日湖,此为天封塔东河也。一支西入青龙桥,历袁学士桥、行宫桥,又北折通沙泥街河于大福桥东。(周道遵《甬上水利志》)

7. 天封塔西河

北历天封桥、福明桥、洗马桥、新牌桥、泰和坊桥、隐仙桥,通县前河。其南至砖桥,过王监桥入日湖于龙舌侧。(周道遵《甬上水利志》)

现今的路线,基本就是开明街。

8. 南水门里河

即所谓甬水也,源自它山,入南水门,东入清洞桥,东历淇桥,北历水月桥、采莲桥,即

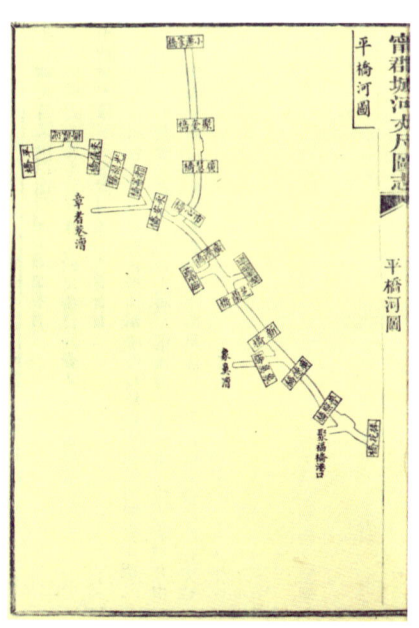

《宁郡城河丈尺图志》中的平桥河图

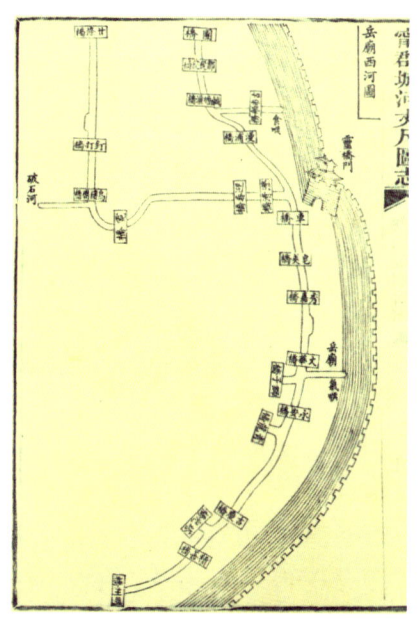

《宁郡城河丈尺图志》中的岳庙西河图

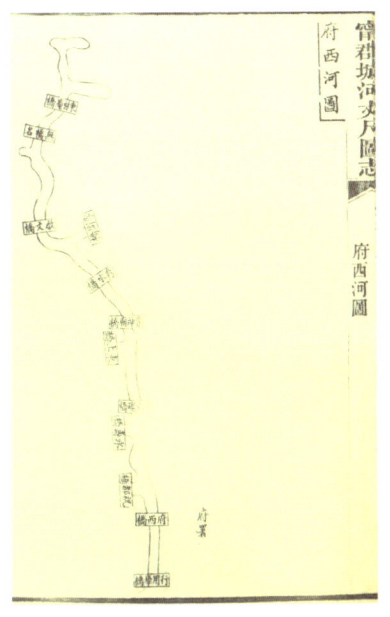

《宁郡城河丈尺图》中的府西河图

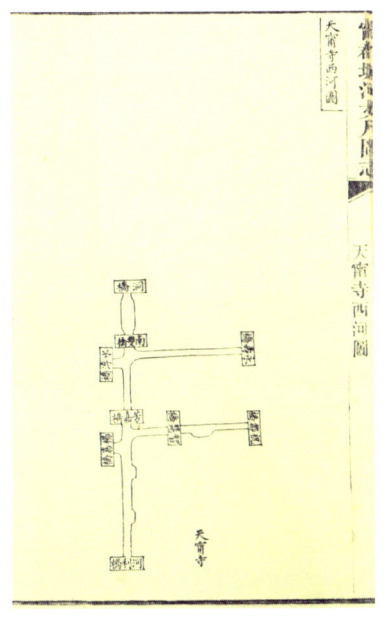

《宁郡城河丈尺图志》中的天宁寺西河图

为日湖。而于清洞桥内北有藕花漕。一支自采莲桥边东入，历行香桥、塔儿桥，通岳庙西一带河，又自南水门直北历桂芳桥，西经灵应庙前历昼锦桥。北历尚书桥、县社坛桥、韩家桥、众乐桥，以上俱傍镇明岭右直北下，又北历柴家桥、九曲巷桥、后所营桥、宝奎庙侧桥，至平桥水侧左入月湖。又一支自桂芳桥直进入仓桥，历褚家桥、通普照桥一带河，又自褚家桥侧北入为前所河，今北入之。（周道遵《甬上水利志》）

9. 府西河

即古子城之西濠，其北行西入祝都桥，为屠家横河，又自祝都桥直北行西入顶戴桥，为金家横河，又自顶戴桥侧直北行西入东上桥，至西上桥，俱西通天宁寺西河。又自东上桥侧直北入忠佑庙门桥，循道衙西入塌水桥，至李衙桥，西折至白衣寺西断，又北折入白衣寺西，小桥北行绕白衣寺后，其东过李衙桥，入大桥南折数十丈断，其北折入引仙桥，通簧河头河，其南历府西桥，过清澜池口历行用库桥通西水门里河。（周道遵《甬上水利志》）

10. 天灵（宁）寺西河

其北行过乌龟潭，西入杨家桥，为横河，经章银桥，入乌黯桥，向北折西历大双桥。达西门界河与西水关来水会，又自杨家桥外侧北行入芳嘉桥，西入水浮桥，为横河入永安桥，数丈南折入都宪桥，与乌黯桥横河合，又自水浮桥外侧北入林鲚鱼桥、洞桥，至西上桥东侧合横河东则通东上桥，西历观音寺基西河营入许家桥，北折入魏家桥,近八图浦,东折细流至白衣寺西侧,又自西上桥东侧北入四港桥,历渡母桥,亦通白衣寺西侧俗称天字号河棚者,今塞矣,其许家桥东侧南入数丈断,其南行历河利市桥,通西水门里河。(周道遵《甬上水利志》)

11. 西水门里河

源自大雷林村,入城西水门,历迎恩桥、府社坛桥、虹桥、惠政桥,东至石灰埠折北通行用库桥,南历醋务桥,入月湖一支自府社坛桥历经阁桥,通菱池头河。(周道遵《甬上水利志》)

12. 水仙桥河

水仙桥旧名感圣,一名缓带,又名衮绣,其河东通月湖,西历青石桥、锦里桥,为菱池头,本与西水门里河通,后为主事闻源塞断,水南流入其宅,内设水门闭之为己有。今属天一阁范氏。(周道遵《甬上水利志》)

城中之水,从何处而来?主要是从南水关和西水关进,在此就不得不提宁波的六塘河。

山如骨骼,水似血脉,"三江六塘河,一湖居城中"是宁波城的重要水系,三江六塘河加上支流如血脉一样延伸至鄞县的东西七乡,引水、排涝、灌溉、航运,每一天都离不开它们。旧时的宁波城水网密布,犹如威尼斯,河埠头捣衣声不绝,夜航船桨声欸乃,"摇啊摇,摇到外婆桥",亲情所系,乡愁所系。宁波人把塘河分东、西塘河,东塘河分前、中、后,西塘河亦分前、中、后。二十世纪八九十年代,随着汽车交通的便利,塘河运输渐渐淡出市民视线。

13. 南塘河(即甬水)

上接樟溪,洪水湾以下始称南塘河。自它山堰引河口至洪水湾段称光溪(《鄞县通志》谓南塘河始于光溪桥)。流经鄞江、洞桥、栎社、石碶、段塘等乡镇后自南水门入市区。全长24.5公里,均宽33.1米,均深1.84米,河面积810平方公里。南塘河临近奉化江,局部地段只有丘壑之隔,沿途设置较多碶、涵、闸,是引樟溪之水入鄞西河网和行洪、排涝、灌溉、航运的骨干河道,沿河村镇多,又是历史上引水入甬城的主要河渠之一。

据《鄞县通志》载,经过的湾渡桥碶堰坝闸塘等有:光溪桥、官塘、洪

南塘河

水湾、定山桥、洞桥、继先桥、章远桥、乌金土塘、乌金碶、七乡桥、积渎碶、洞仙桥、风棚碶、石塘、听泉桥、问津桥、狗颈塘、沈公石塘、洋河石塘、崇福桥、宝祐桥、新丰桥、雅渡桥、行春塘、行春碶、通津桥、雄镇桥、永济桥、启文桥、甬水桥、向阳桥、一元桥。

今存光溪桥、洞桥、继先桥、章远桥、七乡桥、积渎碶、听泉桥、永济桥、启文桥、甬水桥、向阳桥。

交通里程：吃水二尺之汽油船自南水门可通至鄞江桥，长约23.5公里。

沿途古迹：北渡村、星光村（沈光文故里）、南塘老街、鄞江古镇。

14. 中塘河

横街镇至望春桥，西接梅梁桥河及庄家溪之水，至林村始入平原河道。东流至汇源桥，北折汇于西塘河（即后塘河）。集士港纵贯其间，为填平广德湖时所开之河。中塘河自横街镇起，经集士港、卖面桥、望春桥与西塘河相接，长12公里，均宽24.7米，均深2.68米，河面积300平方公里。其河横贯鄞西平原中部，在引流、蓄容、灌溉、航运等方面具有重要意义。亦是引水入甬城的主要河渠之一。

据《鄞县通志》载，经过的湾渡桥碶堰坝闸塘等有：隐仙桥、彩虹桥、

望春桥旧影

福源桥、春阳桥、杨观音桥、集士桥、新桥、祝嘏桥、长安桥、永安桥、中镇桥、颜家桥、龙宫桥、宝稼桥、汇源桥、望春桥。

今存隐仙桥、望春桥。

交通里程：吃水二尺之汽油船自望春桥可通至凤岙村、横街头等村，长约 13 公里。

横街古称桃源乡，有林村（甬剧《天要落雨娘要嫁》故事发生地）、桃源书院等古迹。

15. 西塘河（今称后塘河）

始于石塘，上接上游河，源出大隐。经岐阳、高桥、望春桥与中塘河汇合后入宁波西门口，总长 13.18 公里，均宽 32 米左右，阔处 46.3 米，狭处 21.6 米，均深 3.12 米，河面积 420 平方公里。是引流、灌溉、航运的主要河道。

据《鄞县通志》载，经过的湾渡桥碶堰坝闸塘等有：栲湖桥、新桥、三眼桥、解袂汇桥、镇西桥、永济桥、新桥、望春桥、西成桥、万安桥、大卿桥、望京桥。

今存新桥、镇西桥。

西塘河

交通里程：吃水二尺之汽油船自西水关（今西门口）可通至十三洞桥，长约15公里。

西塘河为浙东运河要道，往西连接余姚、慈城、上虞、萧山至杭州，通京杭大运河。从望京门出，连接高桥，和地铁一号线平行，相关古迹今已消失，但在高桥地界，有一些可以拾掇的古迹，如接待寺、黄泥墙（相传民女救康王处）、梁祝文化公园、大西坝，宋代诗人陈著、抗清志士张苍水、大旅行家徐霞客、朝鲜人崔溥（《漂海录》作者）均走过此水路。

16. 前塘河（一名外塘河，光绪《鄞县志》作横溪河）

自横溪河头起，经孔家潭、王夹岙、云龙、胡墅桥、姜村、三桥、大河沿庄、泗港、缪家桥、白鹃桥至大石碶桥，长18.5公里，均宽29.26米，阔处40米，狭处18.5米，均深2.2米，河面积540平方公里，是鄞东西主要引流、蓄容、排泄、航运河道之一。

据《鄞县通志》载，经过的湾渡桥碶堰坝闸塘等：择阳桥、镇溪桥、凤山大桥、太平桥、古颜桥、虹桥、云龙碶、胡墅桥、古姜村桥、永福桥、万龄桥、永安桥、武陵桥、宋诏桥、延芳桥、大石碶桥。

今存云龙碶、延芳桥、古姜村桥。

19 世纪 70 年代前塘河沿岸（《宁波旧影》）

交通里程：吃水二尺之汽油船自新河头可通至横溪，约 18.5 公里。

旧时去横溪金峨寺的外国人均从此水路走，如华美医院创始人白克妮小姐。

17. 中塘河

自莫枝堰经沙家垫、五港、鹅颈汇、中埠漕、泗港、潘火桥，至横石桥与前塘河汇合，长 9 公里，均宽 24.25 米，阔处 30 米，狭处 18.52 米，均深 1.54 米，深处 2.16 米，浅处 0.93 米，河面积 220 平方公里。南抵莫枝堰，北抵横石桥，与前塘河汇合后北流至道士堰、校场碶分流入奉化江。为鄞东引流、蓄容、行洪、航运之干流之一。

据《鄞县通志》载，经过的湾渡桥碶堰坝闸塘等有：八字桥、黄苏桥、沙家桥、五港桥、杨树桥、报恩桥、泗港桥、潘火桥、杨家库桥、横石桥。

交通里程：吃水二尺之汽油船自莫枝堰可通至新河头，长约 9 公里。沙孟海先生由东钱湖入宁波城均坐此路线航船。

18. 后塘河（一名东塘大河，又名北塘河）

自东吴四都庄、郑家桥、李家洋、王家桥、五乡碶、鄮山桥、天童庄、莘桥、九里堰、盛垫桥、福明桥、七里垫、西洞桥、下茅塘、张斌桥至大河头（今大河头至宝利巷段已填塞筑路），其中自大涵山桥至东吴称东吴河,西北流至复源桥,有自栗树塘之水来汇,北流至大涵山桥称大涵山港。后塘河长18.5公里,均宽30米,阔处50米,狭处10米,均深1.8米,深处2.4米,浅处1.2米,河面积560平方公里。是鄞东行洪、引流、蓄水、灌溉、航运的主要河道。

据《鄞县通志》载,经过的湾渡桥碶堰坝闸塘等有：元丰桥、复原桥、大涵山桥、大圣桥、郑家桥、皈敬桥、汇牟桥、鄮山桥、新桥、盛垫桥、福明桥、镇东桥、张斌桥。

今存大涵山桥。

交通里程：吃水二尺之汽油船自东吴可通至大河桥,长约18.5公里。

去五乡宝幢均走此路,可以去阿育王寺、天童寺。

19. 水则碑

城中的水位靠什么来控制呢？宋代,又一项全国先进水利设备产生了,它就是水则碑。

宝祐年间（1253—1258）,当时的丞相吴潜来治理明州城,用了三年的时间修复了城内的一些水利工程,并且亲自写了个"平"字,意为心气平和,事理通达。吴潜让人把字刻在石碑上,插在平桥河里,作为水则碑。而且"水则碑"旁边有一块空地,老百姓来来往往,张三李四都可以看到水漫到哪里了,或蓄或泄,大家都可以出谋,斟酌从容,吴潜自己也时刻挂在心间,并命令手下人,车马路过,就要去看看,及时汇报情况。

明代,知府郑威老爷在水则碑旁边的空地建了个学社,但几年后因为社会不安定,学社就荒废掉了。学社倒塌后,瓦砾入河把水则碑都填了。清朝初年,社会渐渐稳定了,老百姓思量着又开始挖掘平桥河,挖出宁波人的"定海神针",老百姓们在平桥河里挖出了像手臂一样粗细的韩瓶无数个,而且喜出望外地挖到了刻着"平"字的水则碑,于是老百姓们合议仍旧把水则碑立回原处,并且在石碑外修了一个亭子,亭子是用石构件作的,歇山顶,四檐翘角翼然欲飞,非常好看。岸上有庙宇,用来祭祀吴潜。后水则碑又埋进土里。

水则碑旧照

1999年，宁波人重修水则亭，恢复平桥河，与月湖水系相通。但因为许多河道都被填平了，水则碑显然成了一块纪念碑，而不能有实际作用了。清代学者全祖望在《湖语》里说水则碑："政成民乐，半黑半丝之发，忧晴忧雨之心，觞咏其中。甘棠之蔽芾，其谁与共？"蔽芾甘棠，典自《诗经·召南·甘棠》，据《史记》载："召公巡行乡邑，有棠树，决狱政事其下，自侯伯至庶人各得其所，无失职者。召公卒，而民人思召公之政，怀棠树，不敢伐，歌咏之，作《甘棠》之诗。"这就是甘棠的来历了。

这些水利设施都凝结了古代地方官员治理地方的功绩，只要做了好事，老百姓会永远记住他们。他们的故事也会被老百姓一说再说。

20. 三喉

再说一下"三喉"这种排水体系。

在宁波现存的古建筑院落里，我们可以看到屋檐下、院子的角落里，会有一块石板刻上金钱纹，下面是空的，这是宁波住宅的排水出口。排水出口通于河道。

参考一下历史上京城的排水设施。据记载：汉长安已采用陶管和砖砌下水道；唐长安则在街道两侧挖土成明沟。唐代文献中保存了两条有

今之水则碑

关城市排水的资料,一条是某甲宅中修排水渠,将污水排往宅外街道被告发;另一条是某乙将家中污水排往邻街,被县令责杖六十下。乙上诉,认为责杖六十不合法,请求依法正断,最终判乙胜诉。可见当时已有城市排水法细则。

宋北京有四条河道穿城而过,对用水、漕运、排水都大有好处。

明时北京设有沟渠以供排泄雨水,并设有街道厅专司疏浚掏挖之职。

清代北京地下排水系统发达,管理制度严格。乾隆十七年(1752)规定京城内外所有河道沟渠事务,每年派一名"直年大臣"总管,当时内城共有排水大沟(大街两旁排水沟)30533丈,小沟(巷沟)98100多丈,大小沟相互灌注,并与护城河和有关排水河道高程用水准仪统一抄平。每年二月开冻后至三月底止统一进行疏浚和维修。各下水道所留沟眼一律注册登记,随时检查。

老百姓的生活离不开水,在城市中也有相关取水供水的法律法规。

古代重要城市如长安、开封、洛阳、临安、北京等对供水河道管理很严,历代制定有专门制度。据《都水监记事》载,元代大都(今北京)金水河规定:"金水河入大内,敢有浴者、浣衣者、弃土石瓴甋其中,驱牛马往饮者，皆持而答之。"《元史》中也有"金水河灌水有禁"的记载。当时金水河汇集玉泉山诸泉之水，流经宫苑，注入太液池，作为皇城的生活水源，受到极为严格的保护，乃至老百姓洗衣服、游泳等行为都予以禁止。

明代西安原有龙首渠供水，但只够东城使用，成化元年（1465）兴建广济渠，引交河、皂河入西城，工成后建"新开通济渠记碑"（现存西安碑林）。碑阴刻有水规十一条，主要内容有：(1) 皂河上源至西城壕的七十里间，每里设夫二名，负责修理河道堤防和植树。又设老人（夫头）四名领导维修工作，每月初一、十五赴宫中汇报情况；(2) 城西南丈八头有引水石闸一座，丈八头上游可引水灌田，引水数量由老人控制，但禁止沤导致污染水质的蓝靛；(3) 丈八头石闸由闸夫二人看管，向城内供水要保证水深一尺，余水仍归皂河故道；(4) 西城引水河上有水磨一座，其北有窑场一所，附近修堤修渠费用由其收入中开支；(5) 渠水自西城入，东城出。地下渠道用砖灰券砌，券顶填土后与街面平。每二十丈留一井口，由附近一户居民看管，严冬每半月，微寒每七日，微热每四日，大热每两日一次进入渠内检查，发现污物，追究看管户责任；(6) 官府分水闸口平时锁闭，以防仗势取水；(7) 城内渠旁不许开饮食店或堆放粮食，以防老鼠和害虫打洞。

在宁波城的东边，有用来排水的"三喉"。全祖望有《重复三喉水道议》：

> 四明洞天东七十峰之水，趋于它山。其支流会于桃源，引流入城，潴为西南双湖。双湖之外，支流甚多，皆湖之所酾也。防旱泄潦，旁通市河，内有水喉、食喉、气喉三闸，以泄于江，禁民居屋以塞。王元恭修至正志，力戒后人：浚导必时，堤防必谨，启闭必如式，一邦之大利也。

因为宁波城的水来源于四明山，从长春门与望京门入，即从西南入。当然要从东北出，"百川东到海"。

据全翁的说法，水、食、气三喉的情况是这样的：

水喉，在东北隅东渡门墙下，都税务前，以板为闸，潮长则与板平，市

龙首渠

河之水充溢,则启闸以泄于江。

食喉,视气喉闸稍小,在东南隅市舶务之南墙下。只用于泄水,却不通潮。

气喉,在东南隅狮子桥东,旧鄞江庙侧。

然而在全祖望时代,三喉已经积淤,而三喉的位置也是经由全祖望的考证,最后他感慨:"四百年以来,鄞之河渠,概草率不讲,而三喉竟泯焉!仅存水喉尚有遗迹。荐绅学士,亦不知其为水利之旧也……然其址虽废,而城下故道尚存,可一举而复也。爰为议以待之。"即希望县令重视民生工程。

乾隆五十年(1785)间,县令钱维乔,疏浚城河,兼访三喉。但据后来黄定文的说法,钱县令虽然做了一件利民生的好事,但误以食喉为水喉。"乾隆五十年,知县钱公开复三喉,乃误以食喉为水喉,而于其南寻得小沟穿城者,为食喉。郡人多有疑议,沟亦旋塞。"(《复水喉记》)钱县令在工程结束后,发了一道公文,禁止乱扔垃圾入河,以致河道淤塞。原文抄录如下:

为饬禁事,据绅士呈请,捐资复喉浚河,以期利济,奉提道府宪批饬,遵行在案。今三喉业经开复,经支各河,亦俱一律淘浚,诚恐

兵民人等不知条禁,日久渐淤,除现行出示晓谕遵行外,合行勒石永禁,所有条则,开列于后:

一、三喉出水,最宜通畅,现于喉内近城桥洞,添设木樟以阑(拦)水面浮草、断梗一切污淤等物,俾水流澄澈。每遇水大之时,着该图保于各该处照管,随时捞净,以防淤塞。倘该保日久玩忽,不行经管,无论绅士兵民,许即报明责处。

一、三喉内各设有闸板,饬令各该保收存。遇有秋汛大潮,着即时闸止,以免咸水入城。

一、经支各河有礓石崩颓者,着该保报明,即押业户随时修筑。如实系无力修筑,及官街地面,即着庄首估计,于图内按户出资公修。如敢抗延推诿,许该庄首禀明押办。

一、河身上不许搭盖棚阁。如有隔河房屋欲通往来,即许用板桥,宽不得过四尺,旁用木栏,并不许搭盖竹席篷屋。其桥板离岸升高三尺,俾水满毋碍行舟,违者许邻保呈报,责处押拆。

一、河身浮浸竹木,往往上堆土石,取用时随将土石落水,最易填淤,深为水利之害。嗣后如有复蹈前辙,许邻保呈报责处,并即押令淘深。

一、东门城内外有开设棕铺及织席为业者,棕屑草皮,毋得仍倾河内,违者许邻保报明责处外,差押淘浚。

一、有淘沙生业者,止许在城外河宽水深之处淘漉,不得于城内各河淘沙,违者许在城就地居民投保,呈明责处。

一、附河居住兵民,贪图近便,倾倒灰泥秽物等类,最易填塞河身,应行饬禁,违者许邻保指名禀究。

(《修复三喉示禁碑》)

嘉庆二十年(1815)四月开始至道光元年(1821)七月,有一次疏浚城河三喉的工程。陈中孚《浚复城河三喉记》记录了民生工程。陈中孚(1766—1826),清代官员,字心畲,武昌(今湖北鄂城)人。嘉庆六年(1801)

《浚复城河三喉记》碑

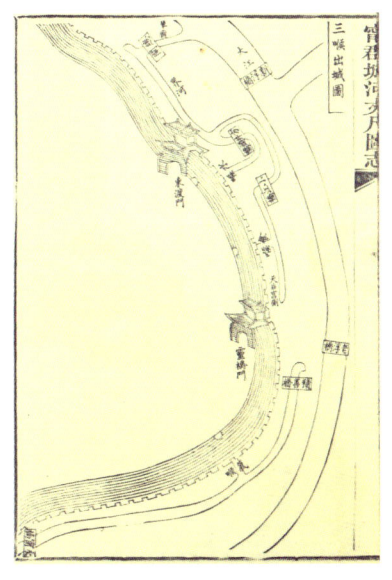

《宁郡城河丈尺图》中的三喉出城图

进士,任翰林院散馆编修。嘉庆十三年升任山西道监察御史转掌山东道,主张稽查库藏、严核保荐及科场防弊三事。后任给事中,擢河东道兼山西河南盐运使。姚暹渠淤塞,河水倒灌盐地,他筹措疏凿,商民得利。任宁绍台道台时,大修治境内水利。甬东(今浙江舟山)原通海船,后商人来者渐少。他着意招徕,商贾复聚,贸易大兴。道光元年,调任台湾道,后提升为四川按察使,又调任广东。沿海有匪徒勒索商民,他严加取缔。道光五年(1825),任漕运总督,当时议论开辟海运,他认为海运可以试行,但治河终须为主。道光六年,调任山东代巡抚,不久卒。

在文中,陈中孚强调了水利是一项极为重要的民生工程,"民生利害所系,莫要于水利",而"三喉"的位置是黄定文去杭州文澜阁抄录《宝庆志》,并参考高宇泰《敬止录》,认定钱维乔"水喉误以灵桥门内小沟当之"。这次工程疏浚了月湖,城中河道设水仓四十余处,用以两舟相遇时避让。修改桥梁六十余座。把淤泥运到城外,填增江海塘堤。这项工程花了六年多时间,花费超出三万缗(古代计量单位,缗为串,一串计一千文),如果一文算一块钱,这次工程也花了三千万。但民生工程,老百姓是十分欢迎的,"鼓舞欢颂之声不绝于耳"。参与这项工程的有郡守姚令俞、县令孔龙章、署县令郭淳章、乡绅黄定文、张烜、马士龙,县胥张永怀。徐兆昺的《四明谈助》也详细考证了"三喉"的方位、沿革。另外光绪《宁郡城河丈尺图志》有关"三喉"的示意图,一目了然。

二、衙署幽深枕画桥

每个城市都有配套的行政中心、学校教育、信仰崇拜场所。宁波是个双城,不光是宁波府城,也是鄞县县城,所以它有府衙、县衙;府学、县学;府庙、县庙。

(一)府治

明州在唐代的衙署境况如何,目前未见任何记载,但宋代衙署基本是在唐的基础上经过两次大修,宝庆《四明志》有相关记载。

唐宋的衙署都在子城内,以奉国军门(子城南城门)为中轴线。在奉国军门外之左有宣诏亭,右有晓示亭。门外之右颁春亭,都是宝庆三年(1227)太守胡榘重修。

子城东门,奉国军门内,有常平仓。宝庆三年费楮券一千一百二十一缗有奇重建。

子城西门,奉国军门内,有苗米仓。

庆元府门,有楼,在奉国门之后,旧揭"明州"之额,太守潘良贵书。州升庆元府,太守何澹书额。嘉熙二年(1238)为风所圮,太守赵以夫重建,郑丞相作《奉国军门记》并述。

庆元府门之后为仪门。

设厅与仪门相直,前有庭,后有穿堂屋。宝庆二年八月八日始重建,落成于十二月二十九日,用楮券一万二千六百三十八缗有奇。

设厅前置戒石亭。

设厅之东西设茶酒亭。

设厅西庑入,面东直设厅之西北,有制置司签厅。

庆元府签厅,由制司签厅前入,面南直设厅之西北。

横舟,原在设厅后。淳祐六年(1246),制帅集撰颜公颐仲移就平易堂后。

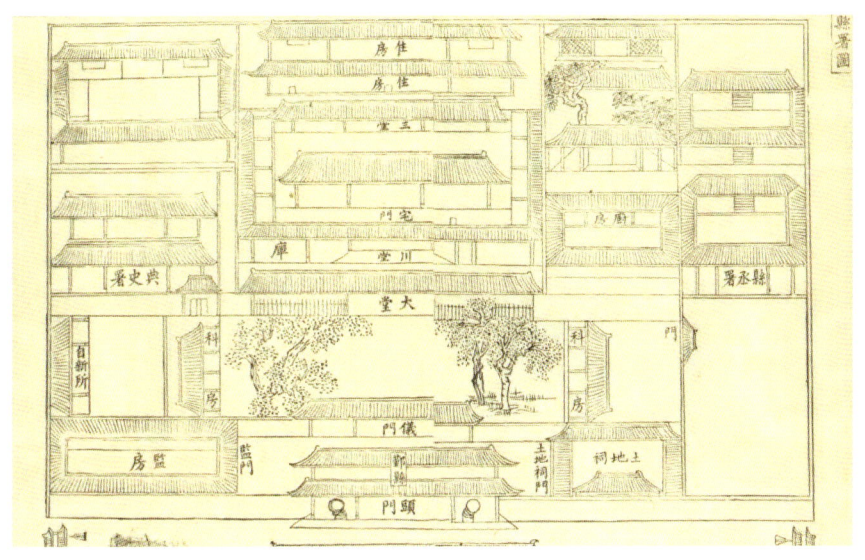

光绪《鄞县志》县署图

进思堂,绍兴四年(1134)守郭仲荀建。

平易堂,进思堂之后。

羔羊斋,平易堂之后。

狮子门,设厅之左,由此以入治事厅。

治事厅,建炎末,太守张汝舟建。

锦堂,治事厅后正寝。

公生明,正堂之后,后堂之前为穿堂三间,八窗玲珑,盖便坐阅文书之所。上挂摹司马文正公书"公生明"三字揭匾。

清署,府堂西偏一堂,淳熙初魏王建。

镇海楼,府堂之东偏,于宝庆二年建。

句章道院,在镇海楼之下。

治事厅之东,旧曰东斋,宝庆二年为仁斋。

仁斋前之南偏修竹间,绍兴壬戌(1142)守梁汝嘉建友山亭。

镇海楼之北,政和丙申(1116)守周邦彦因旧基建鄮山亭,堂下双桧最古,方池前后各一百余年。

九经堂,太宗皇帝淳化元年(990),诏颁国子监《九经》藏之。

九经堂后,有射亭,亭在留春亭前之西偏,俗称小教场。

桃源洞,出射亭少西而北穴,子城以出北(即北城门),东西缭以城墙,盖郡圃总名。

明代府治旧在宁波卫治所,即今永丰街。元代大德间,以其址改建浙东道元帅府,徙总管府于东,即今址也。

府署的规模,中为大堂,堂前为露台,台上有檐厅。更前为戒石亭,左为寅迎馆。大堂南甬道夹植桃柳。堂右为宏济库,又军器库。堂后为川堂,川堂后为洗心堂。直北为御书楼,其后即府山。(曹秉仁《宁波府志》)

(二)县治

县治换的地方就多了。

《四明谈助》记载:开明坊,坊在开明桥下,正对县门。县门左右,有义井各二。俱见《宝庆志》图。今为市舍所蔽,无从寻访。唐大历间(766—779),自小溪州城移鄮县于此。长庆间(821—824),并徙州治,而县仍附郭。后梁开平三年(909)因避其祖讳茂,改鄮为鄞,宋因之。今为城守营守备署。(闻性道《鄞县志》)

南宋建炎年间(1127—1130),县治毁于兵灾。县令顾汝美又造了七百七十三间屋子,作为办公场所。

元泰定间(1324—1328)县治在州西门内,明改卫署军器局,即宋庆元府通判西厅故址。

元泰定二年(1325),池阳阮公尹鄞,慨然议建,达鲁花赤完哲图公允其议,乃捐资建屋八十楹。袁清容为记。自泰定初,至至正末,皆治于此。

元至正末,方国珍命尹宋礼移治于行春坊。明洪武元年(1368),徙于迎凤坊,在今迎凤桥之西,宋为酒务,元置录事司,明立税课司,皆其地也。(闻性道《鄞县志》)

洪武六年,县令杨仲珪移建于今地,乃乾符、竹林二寺废址也。县丞署在大堂左,典史署在大堂右。

鄞署古柏,自明洪武间建治以来有此柏,历岁久矣。崇祯间,邑令王

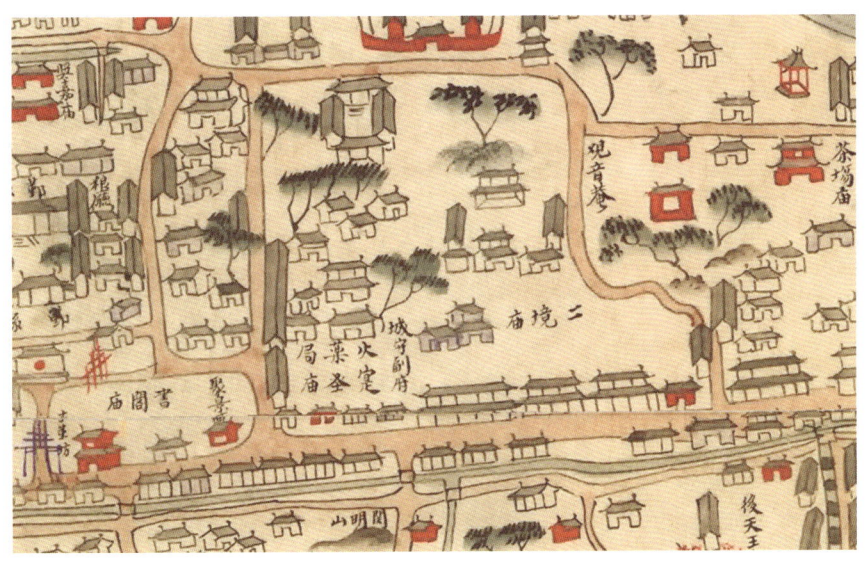

《宁郡地舆图》中城守副府的位置

章题其亭曰"餐柏"。清康熙间,广陵汪应鹤附父任诣署,见亭西有古柏一株。当时酬唱颇剧,爱作歌行以纪其胜。

重恩祠,在县治前,古董坊之北,为重阁。上祀宋邑宰王公安石,下祀明邑令殉难御史王公章。(《敬止录》)

三、秋深街巷槐花雨

(一)城厢

在筑城后,当然还要划分居住区。

所谓城市,《说文》云:城,以盛民也,从土从成,成亦声。段玉裁注云:言盛者,如黍稷之在器中也。《说文》云:市,买卖所之也。《易·系辞下》云:日中为市,致天下之民,聚天下之货,交易而退,各得其所。

城市的两大最基本功能,即是居住和商业贸易,离不开道路街巷绿化、防火、排水等环保公益事业。

关于住宅,为加强对城内居民的控制,宋以前各朝均实行里坊制度,即把城内居住区分为许多里坊,内有街巷,四周用高墙围起,设里正、里卒把守，早启晚毕；北宋后由于城市发展而取消，代之以商业街和街巷的布置形式，并用"厢坊"或"保甲"等组织手段来控制城市居民。

有相应法规，在先秦典籍中，关于住宅规格的规定俯拾皆是，其中最有影响的莫过于《周礼·考工记》了。书中对各种建筑的高度、开间、屋顶乃至门阿之制，均作出了详尽的规定。此外，《礼记》中也有相应的规定："天子之堂九尺，诸侯七尺，大夫五尺，士三尺。"先秦时期对于色彩的使用也有着严格的规定："楹：天子丹，诸侯黝，大夫苍，士主黄。"秦汉至唐，关于住宅等级的规定少见记载。

到唐宋期间，则主要通过《营缮令》等行政法规或帝王诏书等形式加以规定，以唐朝为例，类似的法律条文有：开元七年、开元二十五年，诸王公以下，舍屋不得施重拱藻井。三品以上，堂舍不得过五间九架，厅厦两头，门屋不得过三间五架。五品以上，堂舍不得过五间七架，厅厦两头，门屋不得过三间两架，仍通作乌头大门。勋官各依本品。六品以下及庶人，堂舍不得过三间五架，门屋不得过一间两架。非常参官，不得造轴心舍，及施悬鱼、对凤、瓦兽、通乳梁装饰。其祖父舍宅门，荫子孙虽荫尽，听依仍旧居住。其士庶公私宅第，皆不得造楼阁，临视人家。非三品以上及坊内三绝，不合辄向街开门。对宫殿建筑也有规定，开元二十五年：宫殿皆四阿，施鸱尾。宋朝基本上沿袭了唐代的住宅制度，变化不大。

及至明清，对官民宅第的修建作了更为详尽的规定。此外，还通过单行法令的形式进行补充。大凡此类规章制度多汇入《明会典》和《清会典》之中。

在宁波，据宝庆《四明志》的数据，明州城则东南、东北、西南、西北四厢，计50余坊。具体抄录如下。

1. 东南厢

锦勋坊，宋嘉熙四年（1240），制帅赵以夫为赵善湘奉朝旨立。

握兰坊，西南厢交界，新桥东。

清润坊，西南厢交界，新桥南。

连桂坊，施家巷口。

余庆坊,西南厢交界。

重桂坊,新寺巷口,嘉定七年(1214),摄守程覃为孙君枝与子起予同第立。

兴廉坊,洗马桥下。

进贤坊,洗马桥西。

吉祥坊,破石桥南。

康乐坊,皂角巷口。

锦乐坊,淳祐五年(1245),制帅黄壮猷为余天锡奉朝旨立。

迪教坊,东桥,绍定元年(1228)守胡榘于火后重立。

积善坊,小江桥南,绍定元年胡榘重立。

状元坊,天封塔下,嘉泰二年(1202)守黄由为傅行简立。

2. 东北厢

千岁坊,南湖头,西南厢交界。

安平坊,天庆观前。

阜财坊,小梁街巷口。

开明坊,鄞县前。

拱星坊,廊头巷口。

富荣坊,能仁寺巷口,西北厢交界。

广慧坊,大梁巷口。

泰和坊,县河下。

宣化坊,魏家巷口。

以上诸坊皆于绍定元年(1228)由守胡榘于火后重立。

3. 西南厢

纯孝坊,府桥西。

美禄坊,四明桥西。

迎凤坊,四明桥东。

问俗坊,史府前。

史君坊,史府前。

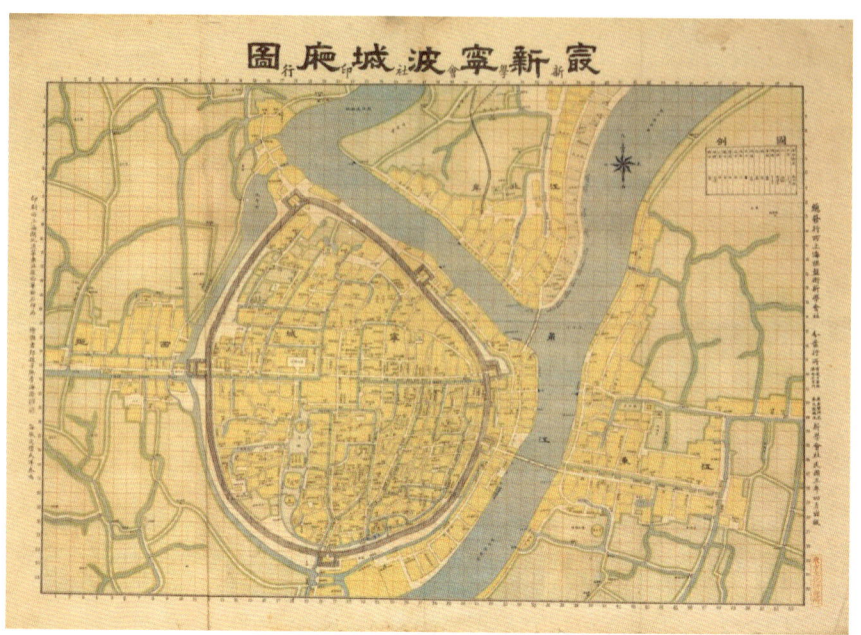

1914年宁波城厢图

众乐坊,君奢桥西。

释褐状元坊,君奢桥南,嘉泰三年(1203)守黄由为宣缯立。

行春坊,宝云寺西。

灵应坊,宣府前。

符桂坊,汪运使桥西,嘉定七年(1214)摄守程覃为汪立中立。

昼锦坊,楼府东,以王周领乡郡立。

振名坊,仓桥北。

顺成坊,仓桥下。

缓带坊,崇教寺后。

惠政坊,天宁寺南。

4. 西北厢

宜秋坊,应家巷口。

寿宁坊,虹桥北。

崇孝坊,路分衙侧。

1844年的宁波街景(《宁波旧影》)

永济坊,奉国楼前。

恤仁坊,佛阁下,绍定元年守胡榘于火后重立。

广仁坊,白衣寺巷口。

朝士坊,戴家巷口。

修文坊,孝文巷口。

影泉坊,蔡家巷口。

儒行坊,鉴桥下。

朝桂坊,顶戴桥下,为刘炳立。

状元坊,鉴桥下,为袁甫立。

状元坊,府学前,为姚颖立。

(二)街巷

通过地方志上的记载和实地勘察,可见明州城内的街巷,直到清代还基本保持着宋代的格局与分布。

至于唐宋元的住宅是怎么样的,已经没有实物了,但明代依然有一些,如范宅、大方岳第、天一阁、张苍水故居、桂芳厅等。

南郊公园旁的原董孝子庙

现在依然能看到的就是一些街区，如孝闻街、永寿街、秀水街、广仁街、横河街、莲桥街、郁家巷。

1. 乌含巷、乌含桥与董孝子后裔

宁波许多地名与董孝子有关，董孝子的故事几乎妇孺皆知，所以版本也很多。《宁波府志》上记载：董孝子名黯，生于东汉，字叔达，鄞人，西汉大儒董仲舒的六世孙。家里贫困，父亲死得非常早，对母亲非常孝顺，因为母亲生病喜欢喝大隐溪水，于是董黯就在大隐溪旁边筑室，取大隐溪水给母亲喝，董母的病也就痊愈了。后来他母亲与邻居王寄的母亲讨论各自的儿子。或许是因为说错了什么，董母被王寄打了，因为这个原因，董母不久就驾鹤西去了。董黯为此就枕着利器为母亲守墓，等王寄的母亲也仙逝，入殓下葬一切事情都完的时候，他就把王寄给杀了，说是报当初辱母之仇，之后就去自首了。这事被汉和帝听到了，开释了董黯，封他当郎中，他没去。这个版本是官方的通行本，比较权威，但也有说这个故事被宋明理学家修改过了，传说本来就是老百姓喜欢怎样构建自己的故事，就会变成什么样。就这样，慈母孝子的故事很快传遍了宁波大地，后来人们就把大隐溪叫作慈溪，后来又用慈溪来命名县名，这就是慈溪地

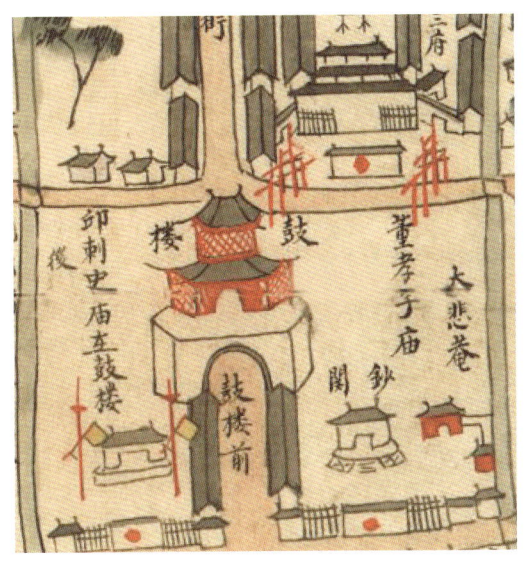

《宁郡地舆图》上标示的董孝子庙

名的由来。

许多皇帝对董孝子都有封赐,北宋祥符年间,真宗封他"纯德徵君",明太祖封他为"孝子之神",并且规定每年阴历六月初六举行纪念仪式。到宁波南郊公园旁原有一座董孝子庙,香火很盛,大门上有石刻一联:"东汉以来千古,有虞而后一人。"

中国有句俗话叫"一人飞升,仙及鸡犬"。人一出名,沾着的时候,七亲八眷就多了。死了,子孙也就多了。想想也从来没有人冒认过秦桧当祖宗的,所以说做人一定要做好,看《包公遗骨记》就知道包公生前的子嗣虽然只留了一脉,但后来姓包的都会说咱祖宗是"包青天"。自然董黯孝子的子孙也很多,《四明谈助》录了一段董氏重修族谱的序:"自东汉徵君之后,累迁之四方,及晚宋后迁于鄞,又由鄞迁慈,到明初梅隐先生复居于鄞。"乌含巷,就是董黯子孙的聚居地,据史料记载,天宁寺西河有乌含桥,原名乌黯桥。为了避董孝子的名讳,改乌黯为乌含。桥下有一条街,以桥名乌含巷,民国二十四年(1935),河填平了,桥自然没了,巷却保存了下来,巷名也沿称至今。在《宁郡地舆图》鼓楼边上还标注了一个董孝子庙。

现在的乌含巷东起孝闻街,西至双桥街,宽4米左右,总长270米,巷

今孝闻街

侧都是民宅。

2. 孝闻街

孝闻街,顾名思义,和孝有关。故事发生在宋代,这条街上出过一个叫杨庆的孝子,《四明谈助》里就有对这些地名掌故的记载,不过这些孝子烈女割股奉亲的故事,有点千篇一律,杨庆孝子的故事也没有特别出奇的地方,但细想,拿起刀,割自己的肉,确实要鼓起很大的勇气。当时的太守楼异就给他立了座"崇孝"的牌坊以示表彰,这事儿也被收入《宋史·孝义传》:"杨庆,鄞人。父病,贫不能召医,乃刲股肉啖之,良已。其后母病不能食,庆取右乳焚之,以灰和药进焉,入口遂差,久之乳复生。"有时候,正史的记载也神乎其神,令人难以置信。再者,所谓孝子出贫贱之门,多半是因为贫而已。

据一位张姓老师回忆,在 20 世纪 50 年代初,孝闻街是一条小街,南北走向,他读小学的时候,就是 50 年代末,孝闻街填了东边的小河,铺了一条煤屑路,可以并排容两辆公交车来往,路宽不过六七米,不过到现在好像也没什么变化,只不过煤屑成了沥青而已。那时在孝闻街的东侧有贵神庙及宁波八中,西侧有文昌庙及效实中学,西北有孝闻街小学,东南有唐塔（即天宁寺咸通塔），八中与孝闻街小学分别与李兴贵中学、海曙中心小学合并。

接邻或是横穿孝闻街东南走向的大街小巷有许多，依南而北有乌含巷、尚书街、永寿巷、西河街、横河街、孝闻巷等十来条，与孝闻街平行的则东侧有呼童街，西侧有文昌街。这几条街大概也是年代久了，这跟上了年纪的人一样，故事就多了：乌含巷跟董孝子有关系；尚书街因旧有尚书第得名；永寿街据《鄞县通志》上载，因为那儿有永寿桥与永寿庵；文昌街也是因为有文昌庙；呼童街是因为以前那里有校士馆，就是考棚。因为宁波有几千年的文明，所以似乎随便找一条小巷出来，也能说出个甲乙丙丁来。

漫步于其间，似乎就能闻到许多书香味，又能感受到传统美德大道不衰，道旁的香樟树是要等长新枝了才落叶的，一阵风儿拂过人面，树上飘下许多叶子，这叶子像一叶扁舟，承载着过去与未来，把人的思绪载到遥远的地方……

3. 横河街

横河街，就贴着北城脚下。据《鄞县通志》载："横河街，旧名双池头、横河头。"清光绪《鄞县志》作黉河头巷。因旧街南侧有黉河流经，故名。"黉"是古代的学校，黉门客，就是读书人。民国时，把这个许多人读不出来的"黉"字，谐音改成"横"字，"黉门旧是黉门客，蓝袍新作紫袍仙"的时代已远去，读书人读书做官，衣锦还乡的这个梦也不再美丽，而成了抹不去的苍凉。康熙《宁波府志》载："黉河，府治西北百步，四周学宫。"在几百年前的黉河里仿佛可以看到摇头晃脑念四书五经的孔门弟子的影子，渐渐这河也听惯了书声，沾了书生的光，得名为"黉河"。然而河早就填塞了，现在唯一能作证的就是横河街上还有三五棵"溪口树"，这些溪口树，大可合抱，每逢夏天，遮天蔽日，夏夜的凉风吹来，从树上会掉下类似毛毛虫的东西，不知是花还是果实，让乘凉的人多了几分惊奇。溪口树喜欢生长在水多的地方，人们经常用它的嫩枝皮作"叫子"，声音类似唢呐，能发出很尖的声音。

这条街像条弯曲的小河，两边都是一些民国的房子，掺杂着一些

横河街虞洽卿宅

八九十年代的房子，让人感觉吃饭嗑到小石子的感觉。生活在这里的大都是一些上了年纪的人，银发如雪，佝偻着腰，脸上都是岁月的痕迹，自然他们也不知道啥时候自己成了这个样子，只是一天一天慢慢地他们老了，跟房子一样老，他们不愿爬楼梯，他们喜欢坐在一起，喜欢"乱话三千"地讲大道，他们觉得这样"落胃"，我先前总认为，"落胃"应该写成"乐惠"，其实原始意思就是落在胃里很舒服的样子，写成这样最初可见是在与张爱玲齐名的宁波女作家苏青的文章里。除了一些不愿爬楼梯的老年人，就是一些外地人。有时候走过这儿，都是一些外地口音，什么地儿的都有。背井离乡的感觉因为交通的方便已销声匿迹，外乡的安逸让他们多了许多随遇而安的乐观。

　　从西往东，走进横河街，大约一百来米的地方，有一座老宅，典型的民国时期砖混结构楼房，朝街的大门北向，并不高大，据老人们说，那门楣上原先有一匾曰"载庐"，而今不知所踪了。走进去，两进房子，都是坐西朝东。第一进房子面阔六开间，两层。民国时有这样考究的房子算是大户人家了，据说这个房子是虞洽卿所建，虞洽卿的故居在慈溪龙山，这宁波北城脚下，大概也是一处别业吧！虞洽卿，小名瑞岳，按虞氏宗谱排列行第，属"和"

字辈。取名和德,乡人呼之"阿德哥",上海有谚云:"龙山大泥螺,三北阿德哥。"虞氏的一生是说不完的传奇,经历洋务运动、辛亥革命、五卅惨案、九一八事变、抗日战争国内剧变,他从一个三北拾泥螺的男孩,变成闻名上海滩的达人,从一个颜料学徒,成为中国近代航运界的巨擘。从清末到民国的60年间,他与中央和地方政府要员都有密切接触,其政治影响也十分之大,然而他从没有认认真真地做过官,而以商人自居,一心创办实业。尤其在航运业和金融界具有举足轻重的地位,他爱国爱家,热心公益,为人传扬。而这老宅,或许他在这里住过一段时间,或许是一个寓所,都不得而知了,王摩诘诗云:"来者复为谁,空悲昔人有?"大概就是感慨随着岁月的流逝,房子这样的财产,一会儿属于你,一会儿属于我,看似人是房子的主人,但几十年间,主人都不知所踪,而房子却成了真正的主人。它迎接着每一位过客,迎接着深夜的月,诉说着一个一个传奇故事。

  鹤年坊在横河街的中段,也是民国的房子,鹤年,就是松鹤延年的意思,这座房子共由三进风格一样的建筑组成,坐西朝东,每进房子的北侧都有大门,上面分别写着"鹤年坊一弄""鹤年坊二弄""鹤年坊三弄",字都要很费力地看才能看出来,因为在一个特殊的年代,许多人做了自己也想不到的滑稽事情。一弄面阔六开间,二弄面阔七开间,三弄面阔八开间,这个说起来类似绕口令的布局不知道当初是谁的匠心独具。有一次和房管处的人来这里,只听他说,这个时期有些房子的椽子都不是上好木料作的,因为这些房子可能是用来卖的,而外行人抬头看这些椽子是看不出来的,时间一长,这些椽子就"金玉其外,败絮其中"了。我询问了一些人,有些是外来的租户,他们一问三不知,"不知有汉,无论魏晋"。过了一会儿,就有一大群人围过来说,"这房子什么时候拆?""这么好的房子不是说保留吗?""我们才不要住这个老房子哩!"一脸的无奈,一脸的怨言。是啊,当一些人为鸡零狗碎的生活劳碌时,这类上百年的房子,没给他们带来荣誉,而是因生活的不便带来无穷尽的烦恼。

  鹤年坊的对面是一排低矮的房子,两层,约莫和鹤年坊同龄,房子没有出挑的走廊,墙面上涂了红红的漆,不知啥年代,这应该就是民国时的

横河街民宅

店面房子,虽然不甚精致,但十分有味。向东走十来步,隔着孙家巷,就是一座大房子,非常别致,中西合璧。它由两个独立的院落组成,东院落朝北开了一个大门,大门两侧的柱子都用当时的水泥磨石子罗马柱,门楣上书"德门重辉",坐西朝东,前后两进,还有偏房。西院落呈"工"字形。非常小巧别致的民国时期建筑,界碑上书写着"林信房界"。中国人文化里的"仁""义""智""信"都融入了一个家谱的房号里。

短短的横河街,没有什么显姓大户,就目前存的房子来看,也多是民国的房子,陈子昂登幽州台,大放悲情,天地悠悠,人生须臾。想来悲怆也是有一些道理的。

【三】

社庙寺观

东林庵出土的文物

一、春烟寺院敲斋鼓

(一)观音庵

《四明谈助》上载:"观音讲寺,在西北二里,久废,乾隆三十二年,僧佛缘重建。"

(二)东林庵

东林庵在横河街口,靠近孝闻街,即今宁波市图书馆东侧。我们可以先找一些文献。《四明谈助·北城诸迹》记载:"东林庵,在白衣寺后。元至顺三年(1332),僧如日建;明景泰间(1450—1456),文珪建方丈、法堂,新置池荡十余亩。庵之西有随喜庵。"光绪《鄞县志》卷六十六记载:"东林庵,县治西北二里,白衣寺后。元至顺三年,僧如日建;明永乐五年(1407),如瑜重修,景泰二年,建方丈、法堂,铸洪钟,新置池荡十余亩;国朝嘉庆六年(1801),尼正智重修;咸丰十一年(1861),毁于兵;同治二年(1863)重建。"民国《鄞县通志·政教志》亦有相似记载:东林庵,永丰镇双池街。觉净,女,临济派。元至顺三年,僧如日建;……民国九年(1920)

重建山门。

咸丰十一年毁于太平天国军队第五次发兵浙江,侍王李世贤部将黄呈忠、范汝增攻克宁波所引发的战争。民国九年,东林庵重建山门。

2010年10月初至11月底,在对与横河街毗邻的孝闻街的一隅(即今包玉刚图书馆东侧)进行考古挖掘时,发现明代寺庙遗址一处,出土明代经幢一节及基座等建筑构件。当时发掘面积400余平方米,发掘地块濒临河床,并裸露了北岸石砌的河岸,经幢和基座就是在贴近石砌河岸底部被发现的,约在地下2米处。由此推断,经幢和基座是从河岸上推入河底,而后在填河时沉睡于地下的。2011年1月8日,在同一地不远处工地的弃土上,一个上刻有铭文的石质瓶状寺院供器也被发现。

(三)白衣寺

白衣寺在孝闻街北首,旧址在府治地,即中山公园一带,始建于唐长兴元年(930),宋代建隆间(960—963),是节度使钱亿的廨宇。有一天,钱亿看到屋梁上显现白光,木纹有观音像,于是换了一根梁,把换下来的梁刻成观音像供在寺里。老百姓俗称作"白衣观音院"。南宋建炎年间(1127—1130),白衣寺毁于金人兵火,后来又重建。明洪武三年(1370)又倒塌了,在这个地址上改造成廨宇。把寺移到现在的地址,即孝闻街北首,这块地方是原来普宁、奉圣二尼寺的旧地基。从此定名为白衣讲寺。

在元末明初的时候,白衣寺住着两位志士,一个叫傅恕,字如心,一个叫陈刚,字子浩,他们在僧舍里借住,研读《春秋》。那时的白衣寺还在原址。傅恕他志在举业,但是元末兵乱,他的梦想从此破灭,在明太祖洪武二年(1369)拜谒了太祖皇帝,陈述了治理国家的方法十二策,预修《元史》。事情完工后,授予保定博望县令,在任上,史书评价有"古循良风",后来因为政治牵连致死。陈刚在洪武五年征授延安神木县令。这个地方控西北边裔,人口非常少,而且习尚桀骜。有个小吏叫白敬臣,平时非常险黠,陈县令打算让他回家,但白敬臣先觉察了这件事,先是逃走,后来又带了一帮人拿着兵刃来逼县令投降,陈县令不屈不挠,骂道:我恨不能把

白衣寺

你千刀万剐。那帮坏人夺走了他所佩的印件，杀了他。

在明末清初的时候，有一个和尚叫檗山，曾经是一个读书人。明清易代，他志节不改，不想做官，就去做了和尚。向金峨山得道高僧博融学习。但是檗山虽然学禅，却不喜欢结交僧人，他还是喜欢结交读书人。他有诗作《和常博山居诗》，极为世人推崇。他下山就住在白衣寺，与倪评事元楷的草堂近，两人经常有来往。倪元楷事在南湖诗社，有啥活动，也经常拉上这位方外人唱和。他有这样一首诗："白云渺渺隔花台，拂面红尘持不开。松下鹤眠无应答，一堆落叶乱苍苔。"诗名为"过白衣院访檗山和尚不遇诗"，收辑在全祖望的《续耆旧传》里面。

1874年4月28日的《申报》讲了一个名为"白衣寺僧"的故事：

> 鄞城北廓有宋敕白衣寺者，逆匪扰后，寺多倾圮。住持僧名济舟，每至漏下三鼓即起，沿街遍诵经咒，募修佛殿，是朝至暮，终日不倦，披星戴月，不辞劳悴，如是者已有三载矣。日前，湖西汤姓老妪年逾甲子，家亦小康，吝啬布施，日宰生灵而贪口腹，朝鱼暮肉，无荤不箸，自其常也。是日仆地而昏，扶之归，其目上视，忽操京音曰：

汝贪美味，日宰生禽不啻万几，若周舍施一钱如命，乃今食禄将尽，恐入地狱，而不得出之也。汝之罪过，非募化念经和尚之功不能赎矣。并言阴司地狱历历如绘。于是子媳罗拜而求之。少顷始苏，汗涔涔如断索珠，心憧憧如受斧钺。至次日，即嘱儿辈邀济舟至其家，愿助百番以赎前愆。其僧竟无就绪，儿女一一具告之，僧亦不受，只募五间屋料足矣。汤某诺之始去，其僧仍诵如前，再拜六个月圆满云云。意此老年已龙钟，尚贪口腹，专修五脏，胡不砌于道路？乃今从新茹素，力行善事，噬脐莫及矣！录此以为贪口腹而恣杀生灵之车鉴也哉。

1880年，有个生员林某，祖上创办了一个椿荫义塾，有义田九十亩，只是书室毁于兵火，借馆别处，迄无定所，因为宁城永寿庵内，虽有佛像并无尼僧，盖空废已数十年矣。于是将永寿庵改为椿荫义塾，将庵中佛像送往白衣寺安放。宗太守准其所请，后亲诣查勘，并给示遵守云。

1891年10月11日，据《申报》记载：

宁波北门内白衣寺古刹也，大殿早毁于火，后殿岿然尚存，住持某僧向各处募化，敲破木鱼，三历寒暑，诸檀越不吝布施，始于去冬，重兴土木，迄今规模粗具。月之初五夜五鼓时，后殿火起，光照通城，各水龙闻警驰至，竟取八功德水作醍醐之灌顶。新造大殿及东首一带僧房得保无恙，而后殿五楹已化劫灰矣。佛力广大，何以此时竟不能以一滴杨枝水返风灭火耶？嘻！异矣。

1908年8月31日，甬郡僧教育会，遵奉宪批，邀请就地僧学两界，并各寺僧人，悉心妥议，公推天童寺住持敬安为僧会长，陈君训正为绅会长，租定城内白衣寺为会所，经育王寺住持济生等厘正章程，呈请各宪核明立案，准于九月初三日开办。

1931年4月，弘一大师来宁波，挂单于城北的白衣寺。当年仲夏，慈溪金仙寺的住持亦幻赶来,带着五磊寺住持栖莲和尚的意思,商请弘一法师往住五磊寺,创办"南山律学院",弘一大师听了很高兴,亦幻回山向栖莲复命,两人非常高兴,于是以弘一大师的名义,去上海募捐,募得大洋一千元。当法师被邀请上五磊寺的时候,亦幻希望法师能起草《缘启》,进一步化缘,但弘一大师说"无缘",便拂袖而去。回到白衣寺后,他深陷烦恼之中,对前来看望他的刘质平说道:我弘一入山以来,坚持以弘律为己任,不化缘,不收徒,不任职,直至圆寂,此志不移。1932年初,伏龙寺的住持一诚法师来请弘一大师去伏龙寺居住。伏龙寺中有一乳井,其泉水甘冽,相传弘一大师非常欢喜。

(四)天宁寺

天宁寺的遗迹,在中山西路上还有一个砖塔。因其貌不扬,老百姓俗称"乌龟塔"。它是我国江南地区现存原体保存最完整的唯一一座唐代密檐式砖塔。可见塔也不可貌相。著名古建筑学家祁英涛、罗哲文先生实地勘察后,认为它具有重大价值。因为造塔的砖上有铭文"咸通四年",所以又称作咸通塔,唐时寺院前有双塔,现今剩下的只是一个西塔。现大英博物馆收藏有一口天宁寺的钟。除此还可以找出一些老照片,供我们豹窥一斑而已。

天宁寺始建于唐大中五年(851),初名国宁寺。唐长庆元年(821),明州州治从鄞江小溪迁往三江口,建子城。三十年后明州人在子城边上建造了这个寺院。北宋政和元年(1111)敕改"天宁万寿寺"。南宋建炎间(1127—1130),毁于兵火,后又重建。元至大二年(1309)毁于倭寇,又重建。明洪武十五年(1382)定为"天宁禅寺"。正统六年(1441)重建藏殿,正统十年,建了千佛阁。成化元年(1465)建了罗汉殿,殿中作田字式,塑了五百罗汉。嘉靖年间(1522—1566),日本入寇,割寺东地为演武场,把罗汉殿迁于佛殿之后。

天宁寺还有一个铁塔,是北宋建隆间(960—963)康宪钱亿所建。又有深沙神,此神来自于奉化岳林寺,后来从岳林寺迁到天宁寺的西廊。这

1995年维修前的天宁寺西塔　　　　　　维修后的天宁寺西塔

尊佛像的雕刻者叫黄百艺,是个能工巧匠,刻得栩栩如生。据说这座神像夜晚呈现光明,麻雀、老鼠都不敢靠近。可惜在建炎间毁于兵火,但是供奉神像的屋岿然独存。于是信众越发觉得神奇,更加尊敬。

但是在康熙年间(1662—1722),一场灾难让天宁寺又化为灰烬。据《闻志续纪》上记载,康熙二十三年(1684)甲子三月十二日巳时,火起桥外民居,延至街上。先毁寺前楼门,随及山门。其门与右经藏、左钟楼相距甚远。倏毁经藏,藏中之经有高扬至十数里外不损者。忽又毁钟楼及大钟,俄而殿鸱尾烟起,辄毁殿暨罗汉殿、斋楼、方丈无遗,亦火之最奇变者也。

康熙五十八年(1719),和尚明文和他的徒弟实贵开始募捐恢复天宁寺,先造钟楼,并铸了钟。康熙五十九年重建大殿、天王殿。次年建罗汉堂。嘉庆二十二年(1817),僧人大晓修造大殿、罗汉堂,别建楼房数十间于殿右,至道光二年(1822)完工。

在《闲中今古录》里还讲了一个关于天宁寺的神话,洪武年间,有一个朱姓的道人,能幻术。每夜五更,灵魂可以出窍,游于京都。皇帝早朝时,他乘云往来空中,向皇帝朝拜,自言姓名。朝毕回到寺院。天刚亮的时候,

天宁寺旧照

身体好像酣睡的样子,醒了就言行跟往常一样。皇帝对他的幻术十分好奇,赐了十个童子拜他为师。而且命令侦查他的幻术是怎么一回事,其中有一个童子伺候得非常得道人欢心。有一天道人对童子说,我把幻术传授给你,但你千万不能吃狗肉。童子一听,知道了狗肉即是幻术的破解之法。就把这件事告诉了皇帝。等到朱道人的灵魂乘云来时,洒以狗血,道人立即魂飞魄散。又立即命人不分昼夜赶往天宁寺,把朱道人的尸体带回京城烧毁,扬灰于江。

道光十七年(1837),天宁禅寺改名天灵寺。《宁郡地舆图》上即标为天灵寺,可见这图肯定绘于改名之后。

1839年,寺里铸造了一口大钟,挂在大钟楼上。两年后,即1841年1月13日,英国侵略军占领宁波后,对宁波大肆劫掠,据史料记载,英军"将庙宇、学院钟鼎尽行取去,凡铜磬炉一切铜器皆搬上船,铜钱亦尽行搜刮"。1935年编撰的《鄞县通志》里就提到过,"道光二十一年(1841),英兵踞城毁佛像,掳钟出海"。现钟就放在大英博物馆的一个展厅里,被称为"宁波大钟"!

崇教寺遗址出土的文物

（五）崇教寺

崇教寺，唐代僖宗乾符元年（874）杨德顺把自己居住的房子舍出当作寺院，取名"报恩寺"，宋大中祥符元年（1008）赐额为"崇教教寺"。

崇教寺还出过几个高僧，有一个叫牧庵大师法忠，俗姓姚，鄞县万龄乡人，在崇教院道英师父处受经得度，研究天台宗教旨。为了修行，曾到过庐山，在枯树中绝食危坐。政和年间，湘潭地方久旱不雨，他跳入龙潭，大呼"当雨一尺"，雨随后就到了。后来又游历南岳，每次都骑着老虎出游。在妙高峰上建了个小庵，妙高峰有块石头像卧着的牛，所以他自号牧庵大师。他弟子叫普庵禅师印肃，跟着牧庵大师学了有一些年头，得到大师的真传。有一次出外游历，扔了一块石头到寺前的放生池里，说，石头浮出来的时候，我就回来了。后来他回来了，石头果然浮了起来，所以这个池又被称为浮石池。池旁还有浮石塔。明代永乐十八年（1420），诏封为"五国宣教菩萨"。

再讲一个杨德顺的故事，杨德顺的父亲叫杨宁，是一个商人，同行孙得言将其谋杀，而娶了他的妻子卢氏，德顺是一个遗腹子。德顺出生的时候被打扮成女孩子的样子，寄养在外婆家，小名"杨奴"。一直等他长大后，

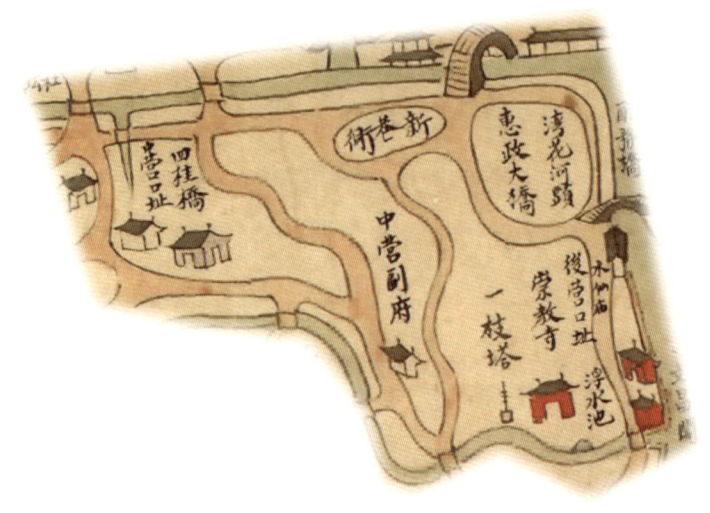

《宁郡地舆图》里标注的崇教寺、浮水池、一枝塔

他的母亲告诉他孙得言的种种罪行,他明白真相后替父亲报了仇。而母亲却因为以身事仇人而自杀了。顺德常常内疚自伤,没出生时,因为母亲,而丧失父亲;长大了,又因为报父仇,而母亲自杀。抱恨终天,于是将住处舍给寺院。据说寺中有伽蓝像,弓足,穿两耳,像一个妇人,而衣服却是男人的衣服,有胡须,这尊神像即是幻女报仇的杨德顺。

《宁郡地舆图》上标注有崇教寺、浮水池、一枝塔,可与文献一一印证。2010 年,市文物考古研究所曾对崇教寺遗址地块进行考古发掘,当时勘探面积约为 5000 平方米,考古发掘面积 1000 平方米。在当时的考古勘探与发掘过程中,"主要发现有保存完整、形制规范的明代古井 3 口和宋代崇教寺浮石池、浮石塔、澈骨池等文化遗迹,并出土了一批与寺院有关的佛教文化遗物。

二、药灶香浓道院深

(一)宁波道观

中国人的信仰,不是一般的复杂。但也可以找到"万殊归一"的原因,就是"为自己"。从俗语上可以看出中国人信仰的实在,比如"急时抱佛脚,闲时不烧香","无事不登三宝殿"。

道教是中国本土的宗教,是古代神仙、道家思想和巫蛊方术的混合。东汉末年,张道陵创立五斗米教(又称天师道),金元之间分为五派,其中以正一道(天师道)、全真道最为盛行,明清时道教衰微,唯武当教一枝独秀,武当教信奉的真武大帝为北方的守护神,明成祖自北方起兵而侥幸取天下,因此大力支持武当派。

据历代的方志,宁波城内的道观有佑圣观、报德观、冲虚观、吕祖殿。

唐乾封元年(666),高宗尊老子为太上玄元皇帝,命各州置一寺一观,开元二十六年(738)置开元宫于鄞县县治东南,为道观之始。天宝二年(743)建紫极宫祀老子。后改冲虚观,其故址在县东南泰和坊东,于是道教渐兴。宁波道教以南宋和元明为盛,但终不如佛教。楼钥《望春山蓬莱观记》云:"以吾乡一境计之,僧籍至八千人,而道流不能以百,其居才十数,而佛庐至不可数。"迄明,道教渐趋衰落,道观新增少。明洪武十五年(1382),宁波府设道纪司于冲虚观内。清代府设道纪司,县设道会司,俗称道官。1927年,地方当局破除迷信,群迁各祠庙木主偶像至佑圣观、报德观。1936年鄞县道徒发起组织鄞县道教会,未准。1950年,老市区仅道教宫观7处,即佑圣观、报德观、冲虚观、吕祖殿、荧镇观、关帝庙、朱天庙,有道士50人。1953年,市道观小组成立,1957年停止活动,道士8人。老市区存西北街佑圣观,至1990年,城区无道观。

佑圣观,在海曙区西北街。元至治元年(1321)建,旧名佑圣道院。明市舶太监梁瑶修葺。正统二年(1437)内官欧成重修。清康熙三十三年至雍正八年(1694—1730)重修,增建真武殿、灵宫殿、南天门外茶亭、迎真桥、池塘、斗姥阁、大士阁、吕祖台亭、火神殿、山门等。道光二十三年(1843)美国浸礼会医生玛高温至甬曾借观内厢房施医传教。1927年住持金至铨建都神殿、西厢房,后废。

报德观,在海曙区横河街。宋淳祐八年(1248),郡王赵与欢为纪念唐明州刺史黄晟功德而建,故名报德观。元泰定三年(1326)道士戴择善重

吕祖殿旧照

修。1924年毁于火。1927年道士林理梅云游至雨,里人推为住持,委其重建,道士独力叩募,1930年建成,后衰落,房屋移作他用,今废。

冲虚观,在海曙区右营巷。唐天宝二年(743)建,初名紫极宫,五代后梁开平二年(908)改真圣观。北宋大中祥符二年(1009)改天庆观。南宋绍定元年(1228)太守胡榘重建。元至元二十九年(1292)改玄妙观。明天顺七年(1463)赐冲虚观额,后毁。清时其址改右营教场,仅建三官、玄坛、关帝三殿于外,后废。

吕祖殿,在海曙区解放南路延庆巷,又名蓬莱宫。清乾隆五十年(1785),有云水道士于南门水月桥下余相国祠前隙地结茅修行,立吕祖坛。嘉庆间居士李同建吕祖殿。后道士吕宗圻在殿旁添建吟仙馆。光绪间住持王成章改建殿后余屋为栖鹤轩,供道士修养。今废。

1. 佑圣观

说起道士,现在已经很难看到,当然武侠片里依然会有很多,道教是土生土长的中国宗教。在宁波范围内,现今只有慈城的清道观、鄞州石马塘的青阳观、象山的蓬莱观、宁海的孤山道院等一些道观,但几乎没有道士。宁波城中有三个道观都很有名气,城北的佑圣观,开明街的冲虚观,

20 世纪 30 年代的佑圣观

日湖的吕祖殿,供养的也是道教非常有名的三位神仙:一是玄武大帝,一是太上老君,一是八仙之一吕祖吕纯阳。先说佑圣观。

佑圣观,旧名"佑圣道院",在佑圣巷,现今第二医院附近。佑圣巷短短几百米,如果你不注意,会以为是医院里的一条小路。据一位葛姓的朋友说,观前的银杏树依然在。佑圣观始建于元至治年间(1321—1323),后废。明代正统年间,内官欧成重建。内官是皇帝近侍。在嘉隆之间,余太保仲子廷椿和一些信众捐钱重修,当时的住持叫周元礼,一个叫金锷的道士请当时名士沈蛟门写了一篇《修观记》来记载这个事情。据沈蛟门的文章,我们知道佑圣观大殿供奉的是玄武大帝,佑圣是玄武大帝的又一封号。据《道教大辞典》记载,唐太宗封为"佑圣玄武灵应真君",宋太宗封为"翊圣将军",宋真宗加号"翊圣保德真君",宋真宗再号"真武灵应真君",宋钦宗加号"佑圣助顺真武灵应真君",元成宗加号"元圣仁威玄天上帝",明太祖加号"玄天上帝",明太祖复封"真武荡魔天尊",明成祖封号"北极镇天真武玄天上帝",清代避康熙皇帝玄烨讳,改"玄"为"元",简称元帝。在殿后有一阁祭祀玉皇大帝。明代市舶太监梁瑶修葺过,并把佑圣道院改称佑圣观。清代顺治十六年(1659),玉皇阁倒塌,康熙年间,又

1870 年的佑圣观

重新修建。据《四明谈助》作者徐兆昺描述："入门古柏森森,琳宫肃穆,兼有池亭花竹之胜。"《四明谈助》成书于道光癸未年(1823)。曾在晚清浙海关任职的英国人包腊的相册里有一张 1870 年的照片就是"池亭花竹之胜"最好的印证。清人倪象占有一首诗,写在佑圣观看荷花:

朝凉生缔纷,爱此新秋前。冒雨城北来,琳观荷花鲜。
故人具壶酌,临水开骈筵。辞尘既成契,相赏俱飘然。
清风吹四座,颇感吟诗肩。御寒无半臂,羽衣方蹁跹。
芰制岂不美,胡为物外迁。将毋黄冠客,众妙归元元。
我来不解饮,喜执行觞权。尝以碧筒例,致罚壶中仙。
莲须已禁谢,藕丝已禁牵。所循虽故辙,所得或忘筌。
况乃日之夕,亦复情堪怜。披云舒醉眼,碧入苍苍天。

从诗中所写,我们可以看到佑圣观中夏日还有荷花可赏。20 世纪 30

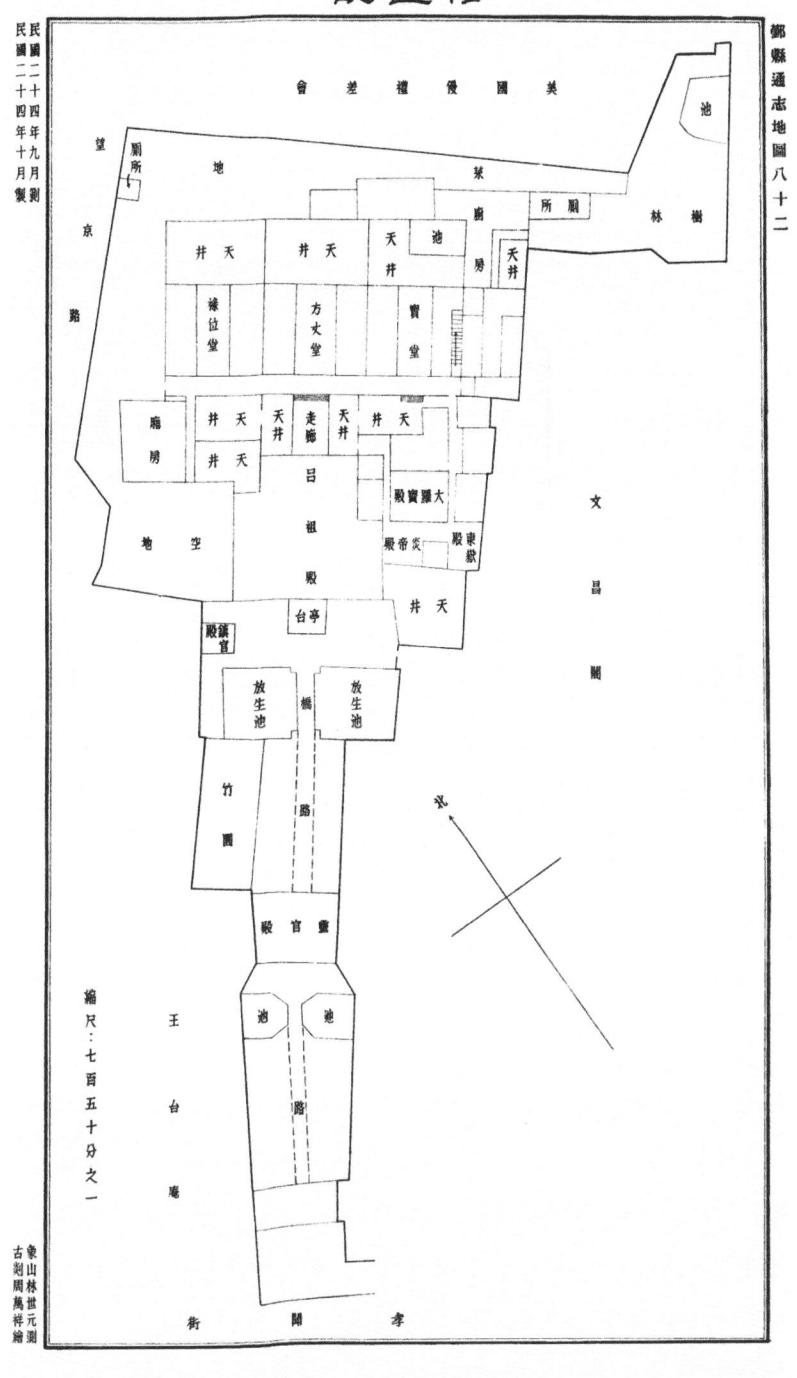

佑圣观平面图（《鄞县通志·地图》）

年代乡贤们编纂《鄞县通志》时，地图函里还有一幅佑圣观的总平面图。

1843年秋天，美国传教士玛高温远涉重洋，带着一箱西药，来到宁波传教。玛高温在现宁波海曙区北郊租用了道教场所佑圣观的几间房子，办起了设备简陋的诊疗所，取名"浸礼老医局"，传教施治。

佑圣观还出过许多有名的道长。谢希纯，宁波人，生于1890年。1904年14岁时出家佑圣观，为道教全真派二十五代道士。伍止渊，黄岩市城内管驿巷人，生于1888年（清光绪十四年）。18岁时出家，为道教全真派道士，拜佑圣观院主梅宗林道人为师，师父为取道名伍诚鼎，道号陵源子。他勤研道书，戒行严谨，深得道众和信士敬仰。

《申报》里记载了一个故事，宁波佑圣观每年正月初九日，乡人之有勇力者必至观中太岁殿戏台上打拳角艺。本年是日乡人将次打完，忽有一外省口音者声称拳法不佳，于是旁观人怂恿上台请教。此人乃纵身跃上，果然五花八门，千态万状。台下人无不喝彩，独有一奉化人怒眦欲裂，大呼休得逞强，且看尔老子手段何如，声未毕，便人已腾空，不料用力太猛，只顾向前，足为石栏所碰，致翻身跌下，尚欲贾其余勇，无如膝盖已伤，不能爬起，通场齐声大笑，而在下观者转被压伤一人云。这个故事叫"使拳贻笑"。

据一些上了年纪的人回忆，佑圣观中供养的不光有道教的神仙，还有许多佛教的菩萨，因为民国的时候也举行过破除迷信之类的运动，老百姓把周边寺院的佛像都搬到佑圣观了。

2012年夏天，我们在姚江边发现了一块勒石永禁碑，青石材质，楷书刻制，时间为乾隆三十九年（1774）二月。从残存的二百余字中，可了解到碑中记录的是佑圣观的地产纠纷事宜，佑圣观向当时的鄞县县府状告他人侵占其地产，而官府出告示，判定地产为佑圣观所有。这类禁碑源自纠纷，很生活化，也是一个地方的秘史吧。

2. 报德观

在宁波横河街东首，曾经有一座报德观，一座钦飞庙，一观一庙都用来祭祀筑宁波罗城的唐代明州刺史黄晟。黄晟是筑罗城的刺史，"此郡先

黄晟像

无罗城,郭居若野居。晟筑金汤壮其海峤,绝外寇窥觎之患,保一州生聚之安"。《欻飞忠济侯灵翼庙碑记》还有一个神话故事:"神姓黄氏,讳晟,鄞人也。少伉勇。"有一天,桃花渡边有一个老妇人在哭啼,他上前问何故。老妪说,这里有两条蛟为虐。每三年,境内的老百姓以一对童男童女祭祀它,"得之则安,否则为虐甚大"。老妪哭诉说,她只有一个女儿,如果被蛟吃掉,就无依无靠了。黄晟听罢,怒火千丈。到了那一天,黄晟提着宝剑下水找到恶蛟,战了一天一夜,提着蛟头从江右池中出来。所以后人把这个池命名为"蛟池"。这个黄刺史桃花渡斩蛟的故事,在甬城可谓妇孺皆知。蛟池在欻飞庙东,元代的时候就填塞了。报德观在欻飞庙边上,宋代淳祐八年(1248)建,明正德七年(1512)里人倪淮重建,光绪年间被火烧毁后又重建,在修建中山广场时候被拆除。

  我们在晚清至民国的《申报》里找到报德观的许多往事,从中可以了解一下古时的庙宇是用来干吗的。首先,带有一点纪念性质。比如纪念黄晟,为什么不纪念别人呢?因为黄晟造罗城、除恶蛟,老百姓感恩戴德。其次,用来求雨和禳疫,据1895年7月6日《申报》:"宁郡许久不雨,居民铺户望泽维殷,公同醵赀延请羽士在报德观设坛祈求,未知苍苍者能速沛甘霖慰民引领否。"因为好长时间没下雨了，所以请了道士在报德观里设坛求雨，不知道老天是否能满足老百姓的愿望。1887年9月3日《申报》：

> 宁郡近因时疫大行，于初八日，在大庙建醮禳疫。不意日来疫气较前更甚，往往子发丑毙，其速不逾一时，民情惊惶异常。刻闻宁波府胡练溪太守，为俯顺舆情之举，择于十六、十七等日，迎五都元帅遍巡城厢内外，以祛疫疠。又于二十日为始，在北门报德观重设醮坛七天，虔诚祈祷。阖郡斋戒，不但禁止屠宰，并将荤腥之类概行禁绝，以祈阖郡平安。未悉苍苍者能鉴此诚恳否也。

因为发生了瘟疫，抬着五都神（瘟神）巡遍城厢内外，以求平安。又在报德观设醮。"代理宁波府张太守现已牌示十二日拈香点卯，考录代书，阅城枚告云。""宁郡于初九日迎五都神巡视城厢内外，已登前报。兹闻是日神驾未出庙门，轿杠忽然中断，人皆讶为不祥。月之十八日为始，二十四日为止，公同集资延请羽士在报德观建设禳疫，大醮七永日。又闻东乡前徐一村时疫更盛，患此病而亡者约有百余人，现亦阖村斋戒，设坛禳疫，以期人口平安。"在旧社会，求平安纳福，求雨禳疫是重头戏。至于求雨灵不灵，在光绪二年（1876）报德观遭火灾后，出了一个募钱告示说："本年夏，天旱不雨，蒙恩宰轮念民瘼，与各宪虔诚祷告郡庙邑庙，未沛甘霖，旋蒙饬发纪慎斋公遗书在敉安局，立八卦坛，某绅士僧道等如法奉行，果于十三日起，连日下雨如注。职等思报德观内亦立坛祈雨，屡著灵验，是

《募建报德观启》

绿头勇在操练

此地方乃吁求上帝，为阖邑万民请命之所，有其举之，莫敢废焉。"估计也是为募钱造势。

比如招乡勇、操练乡勇，1873年6月13日《申报》：

> 宁城报德观衙安局绿头勇日逐在和义门内城下大填滩操演，甚为好看。或扒墙壁，或钻填坑，或卧，或奔，总要快疾为最，号令极严，阵亦齐整。据云黄军门日前借此兵于道宪，乃道台要抚台文书，方肯相借，闻借定后亦须调至新昌，以资弹压者也。

据1884年9月3日《申报》：

> 宁郡卫安营现奉先喻，在报德观招募勇丁，计招得壮勇一百五十名，守卫宁城，而旧招之绿头勇，闻将调赴镇海，以资守御也。

乡勇为清代用兵临时招募的辅助部队。除了在报德观招乡勇外，还有借作他用。如 1890 年 11 月 28 日《申报》："测绘舆图分局设立盐仓门报德观内,由卢姓董其事云。"

报德观在光绪丙子年发生了一次火灾,火灾的原因是盐仓门报德观是管带卫安勇和英国参将葛格及帮带华生驻扎之所。有一天,葛参将与英国水师游击一起去外面游玩,两天后,华生正在吃午饭,忽然看到后进瓦面有浓烟冒出,立马跑进去看,就看到屋顶板内火已灌满。据查是因为屋里有火炉,但烟囱是用砖石砌成的,并不是铁管的,时间一长,烟囱有裂缝,那天正好是北风如虎,刮得屋宇震摇,小火星刮入天花板。没多少时间,烟焰冲天。但报德观内有水龙一架和一些勇丁,但这个时候,兵勇们去盐仓门值班了,能救火的没几个人。更可怕的是,报德观的前进还藏有火药、炸弹等物,华生立马叫人先搬开炸药,仓促间把炸药移去,万幸。当时城外还有一个叶姓老板堆着松柴,与城墙一样高,本来是奇货可居,但是因为火星飞坠,烧了起来。救火的水龙队,看着两千余担柴,不是数十人可以搬运的,于是任其燃烧,但又怕烧到其他地方,叫观火的人如果要搬,尽可以随意取携。那叶姓老板的老婆哪里舍得,不惜性命阻拦,被水龙局的人绑住,这些松柴,被烧的烧、抢的抢,到半夜火才熄灭。报德观附近的老百姓也没有受到任何损失,救火人也没有一个受伤,华生只抢出一包书札,其他的都烧成灰烬了。第三天,葛参将回来,只看到山门一座了。想想如果炸药烧到了,后果就更不堪设想了,只好叹气作罢。但那些炸药是哪里来的呢,为什么会放在这里呢,是军用的吗?1875 年 12 月 27 日《申报》中报道："日前,有某轮船赴宁,装有酒箱一只,其箱面冒写洋商名字而内藏焰硝,被洋关巡丁查出,遂将该轮船买办及挑夫送至报德观请查究云。夫焰硝木在禁之物,此人偷带贩买,非特以身试法,而贻害于买办者办多多矣。"原来是缴获的。

过了一年,隔壁饮虹庙在雷雨夜被雷劈断,1878 年 7 月 20 日《申报》作了报道,"宁波盐仓门内饮虹庙有银杏树一株,大可数围,相传为明季留还者,向年已遭雷火,上年报德观被焚,枝叶半已焦灼,此树婆娑生意尽矣。乃本月十七夜,西南风起,大雨倾盆,俄闻霹雳一声,枝本又被击损,以数百年之古木而叠遭雷劫,岂亦有定数存乎?愿以质诸博物君子。"想想本来这棵银杏树大难不死,必有后福,"是日为火所逼,枝叶亦焦,幸根本无恙,再得雨露之滋,或不至生机绝灭也"。谁知祸不单行,被雷劈掉了。

在报德观被火烧毁后,有地方乡绅提议宁波府特发了一个《公请建复神庙示》,说明报德观为了祭祀黄刺史而建,平时"凡邑中求雨、禳灾、驱疫诸大举,各大宪诣观开坛,诵经礼忏,有求无不立应"。现在烧得只剩下山门三间,"且黄公遗迹亦不忍其湮没,爰集同人公议,拟捐资建造"。因为工程浩大,要求殷富士民商人等捐钱,最后成功募到了钱,重新修了报德观,建好报德观后又发生了一个小插曲。《申报》上还有一个《黜邪崇正示》,说是报德观在光绪二年遭火灾后,庙祝募资重建,但建成后的报德观,没有供奉黄晟的神位,而是听了一个叫刘阿定的话,供了一个刘大真人,也不知道是哪路神仙,还挂了一个"云深处"的匾,扶乩请仙,弄得报德观乌烟瘴气。有人举报告官,官府派人抓走了这个骗钱的道人,重新恢复了原状。并严令:"嗣后倘敢开设乱坛,再蹈前辙,一经访闻,或被告发,即差提到县,按律惩办,绝不宽贷,其各凛遵毋违,特示。"

据一位黄晟后裔说,报德观还做过文化馆的办公地,造中山广场的时候拆除。

三、社鼓咚咚赛庙回

中国古代本土的宗法性宗教,类似于宗教但又不完全是宗教,它是以祖先和自然崇拜为核心,以其他多神崇拜为补充的典型多神教,宗法性宗教与我国古代社会发展相贯始终,并且与儒教、道教相糅合,形成极其庞杂的多神崇拜体系。按照《鄞县通志·舆地志·庙社》所记的庙社,庙祀对象大致可以分七类。

(1)自然崇拜,包括天地、社稷、日月山川、风雨雷电等自然现象。

(2)商品经济发达的明清时期,产生了许多行业守护神。财神是受工商业者和百姓所崇拜的行业神,财神的人格化神有许多,如正财神玄坛元

药王(《中国民间信仰》)

财神(《中国民间信仰》)

帅赵公明,文财神文帛星君(福禄寿之禄官,相传为比干),武财神关帝,此外还有五显财神、陶朱公范蠡等。全国许多城市多建有财神庙,因为有商人供奉祭祀,规模较大。其他分布较普遍的行业神庙,如火神庙、药王庙(祀华佗、李时珍、孙思邈)、鲁班庙(祀木匠祖师爷)、蚕神庙(祀嫘祖、蚕丛、马头娘、蚕花娘娘)、机神庙(纺织业,供奉伯余)等。

(3)祀地方传说人物,像鲍盖、七牧将军。

(4)以历史人物作神明供奉,像关羽、岳飞、张巡、许远等。

(5)祀有功于当地的地方官,有羊僎、黄晟、王安石、钱亿、杨之讷、邱业、张星耀、钱肃乐、张煌言、吴潜、汤和,这类有点像现在的纪念馆。

(6)祀当地名儒先贤,有王致、杨简、袁燮、沈焕、全祖望等。

(7)祀忠臣孝子,有董黯、陈良谟。

民国《鄞县通志·舆地志·庙社》载:今之庙,即古之社也。古者,人民聚落所在,必奉一神以为社,凡期会要约,必于社申信誓焉。故村社之多寡,即可觇其时民户之疏密,此讲地方史者所当注意也。兹编所载,虽不尽如上所谓,然神庙多处,其民居亦盛,村落凋亡地,其神庙亦多废圮,

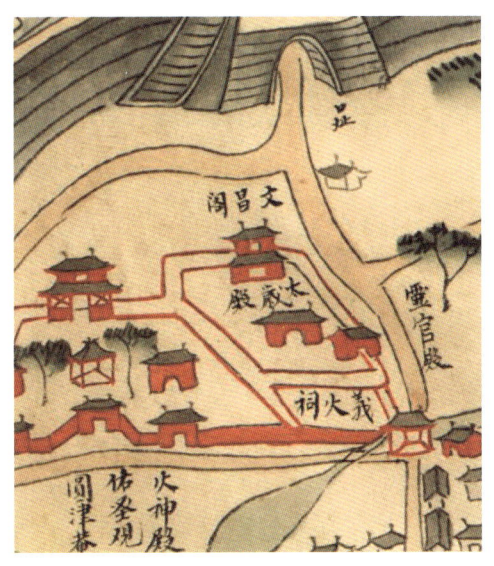

《宁郡地舆图》中的义火祠、太岁殿

于此亦可考见地方今昔兴衰之故。盖神社虽亦属迷信之一,而其起源则与僧寺、道院绝殊,不可不表而出之也。

(一)义火祠、太岁殿

义火祠、太岁殿在佑圣观左侧,建于清代乾隆年间。

义火祠,即免费供无从归入祖堂的死者神主牌(俗话就是"呒落堂香火")的祠堂。清人徐时栋在《烟屿楼笔记》中提到义火祠的一副对联:"义火祠"祀乡厉由来久矣。慈溪义火祠中一联云:"咳!谁料穷性命做鬼无依,禁不住地下同声一哭,苦雨酸风馁腹频年衔怨恫;呸!未必好儿孙各家都有,倒不如此间异姓一堂,春霜秋露义田万古荐馨香。"不愧才人吐属,惜忘其作者名氏矣。乡厉即是乡里中无亲族等祭祀的鬼。冯孟颛先生在后面写道:此联出于八世族祖次牧征君元仲手笔。其自题"天益山房"联云:"天开无墨画,云袅不炉烟。"又题"清道观、桂花厅"联云:"窗虚五月六月寒,人在冰壶中酌酒;帘卷千山万山碧,客从图画里吟诗。"

太岁殿祭太岁之神。古代数术家认为太岁亦有岁神,凡太岁神所在

祝融（王绣摹绘）

之方位及与之相反的方位，均不可兴造、移徙和嫁娶、远行，犯者必凶。此说源于汉代，传至后世，说愈繁而禁愈严。俗话说："太岁头上动土。"汉王充《论衡·难岁》："方今行道路者，暴病仆死，何以知非触遇太岁之出也？""且太岁，天别神也，与青龙无异。"

（二）火神庙

火神庙在佑圣观前，雍正七年（1729）建。民间信仰的火神应是祝融，名重黎，又称祝诵、祝和。相传帝喾高辛氏时，重黎在有熊氏之墟担任火正之官，能昭显天地之光明，生柔五谷材木，以火施化，为民造福。帝喾命之曰祝融，被后世尊为火神。

凡乡贤没有入学祠的人，立在阁的两厢房里。

（三）八图浦庙

八图浦曾经有一个暗水道，通往城外姚江。雍正初年的时候，因为修城堵住了，所以浦的样子已经很难找到，但浦上还有八图浦庙，成了八图浦曾经存在的标记。此庙又名忠佑行祠，所谓行祠，如帝王的行宫，在永

梨园神　　　　　　　　耿弇像（《三才图会》）

丰门外还有一忠佑庙，城北的忠佑庙又叫北郭庙，庙神姓刘，名植，字伯先，巨鹿昌城人，汉云台二十八将之一。

（四）老郎殿

"老郎殿，德聚镇效实巷，祀汉耿弇，旧例六月一日起十一日止演戏，此庙下户口多堕民。""忠佑庙，德聚镇尚书街大双桥，分祀宋沙诚，旧例五月五演戏，现设私立西城育德初级小学，此庙下户口多属堕民。"这是《鄞县通志·社庙》里记载的两个庙，两个庙下都有堕民。许多堕民从事戏曲行。从《鄞县通志·演剧》可以得到印证："戏班有昆班徽班绍兴班台州班之别，昆班邑中堕民为之。徽班则天津人为之，杂以新昌嵊县人，绍台等班则自绍台两属而来。其所唱之曲调，昆班为最雅，徽班次之，绍台班又次之，其班有班主，管理全班之事，俗称行头主。旧时堕民之有资产者为之。"

再说说老郎殿，清代的不少记载中，全国各地普遍建有老郎庙，实际上就是戏曲艺人借供神而聚集议事的场所，所以老郎殿即是梨园公会。

宁波的老郎殿虽没有明确说明是梨园公会，但看其庙下的编户，就知道它就是梨园公会。我们其实可以从城市的一些记载中得到印证，如光绪七年（1881）苏州《重修老郎庙捐资碑记》："老郎庙始为苏城昆腔演戏各班聚议之所，大殿供奉祖师神像，每逢朔望拈香惟愿。"梨园公会的职能是：对内管理艺人的日常事务，解决矛盾，调和关系，维护秩序；对外从事经营业务，并作为艺人的代表参加社会事务，维护艺人的共同利益。即是戏曲业的行业协会。此外还可以从《扬州画舫录》《清嘉录》等记载风俗类的书中得到同样的解释。

那老郎又是谁呢？《鄞县通志》里说是祀汉耿弇，东汉光武帝的开国功臣，怎么会成梨园神呢？或是耿光之误。清孙星衍嘉庆九年（1804）所撰《吴郡老郎神庙之记》说："余往来京师，见有老郎庙之神，相传唐元宗时耿令公之子名光者，雅善霓裳羽衣舞，赐姓李氏，恩养宫中，教其子弟。光性嗜梨，故遍植梨树，因名曰梨园。后代奉以为乐之祖师。"杨懋建《梦华琐簿》里说："闻诸父老，老郎神耿姓，名梦"，后又说"吴人晨起禁言梦，诸伶尤甚，不解其故。……禁言梦者，讳其神也"。也有说老郎神主为翼宿星君。《晋书·天文志》："翼，二十二星，天之乐府，主俳倡戏乐。"也有说老郎神是唐明皇，或者说是后唐庄宗，可见艺人们对梨园主的说法本来就很模糊，只要随便有一个神人作为自己精神上的主人就行了。

但在浙东，戏班一般都供奉唐明皇为祖师爷，在衣箱盖的背面上贴一张红纸，上写"唐明皇之位"，帽架上挂皇帝帽。演员扮上后，对神位要拜上一拜。

（五）白马庙

《四明谈助》上记载：在河利桥东，旧时杂造局也。至正间（1341—1368），郡守忽欲理持建。明初，废而复设。明建义四年（1402），大使涂茂林重建。后局废，而掌局之神存，此庙之以至今传也。

为什么叫白马庙，据说是因为"蚕为龙精，与马同气，织局设祀，义或取此"。即马是纺织业的信仰神。

马头娘(《中国民间信仰》)

其实,民间传说中有蚕神马头娘的故事,更符合白马庙祀蚕神的说法。相传,黄帝打败九黎之后,在庆功会上蚕神前来献丝,这位蚕神披着马皮飘然而降,手里捧着两束蚕丝,一束金色,一束黄色,从此细软的丝绢代替粗麻。身披马皮的仙女就是蚕神马头娘,她的故事在《山海经》《搜神记》《太平广记》等书中均有提及。说是一位姑娘的父亲被强盗掳走,女儿思父,茶饭不思,其母立誓说,谁能救回其夫,就把女儿嫁给他。谁料一匹骏马听后,迅速跑出家门,数天以后,驮着姑娘的父亲回来。母女都十分高兴,但从此骏马悲鸣不已,不肯饮食。父问其故,母如实相告。父亲听完后大怒,说哪有人嫁畜生的道理。便将马射死,把马皮晾在院子中间。有一天,姑娘经过时,马皮忽然飘起卷走姑娘,化为蚕,在树上吐丝。父母闻知,十分伤心,但有一天,蚕女忽然现身,从天而降,身旁还有十几个侍卫,她对父母说:天帝因我孝能致身,心不忘义,封我为女仙,位在九宫仙嫔之列,在天界过得很自在,请二老不用再思念女儿。说罢,飞升而去。于是各地纷纷盖起蚕

李长庚碑文

神庙,塑一女子之像,身披马皮,俗娘"马头娘",祈祷蚕桑。

蚕神的塑像一般都是一个女子骑在马背上,也有是一个女子端坐,身边则站着一匹马,也有三个女子共骑一匹马的。称呼也有多样,除马头娘外,尚有马鸣王菩萨、蚕花娘娘、蚕姑、蚕皇老太等。

(六)昭忠祠

《四明谈助》载:在天宁寺大殿右。嘉庆三年(1798)奉旨建立昭忠祠,以祀国朝殉义诸臣。九年(1804)间,提督李长庚为缉匪阵亡,恤典优渥。

李长庚,字超人,号西岩,福建同安人。乾隆十五年(1750)四月二十五日生。其父李希岸,寄籍台湾彰化县,为彰化县诸生。李长庚少倜傥,有大志,在私塾读书时,就提笔写下"天生我材必有用"十个字,长大后勤习骑射。乾隆三十五年(1770)中武举人,次年成武进士,授蓝翎侍卫。乾隆四十一年(1776),出任浙江衢州营都司。历迁提标左营游击、太平营参将、乐清协副将。乾隆五十二年(1787),署福建海坛镇总兵。

他的一生都在捕盗中,最后也因捕盗而牺牲。自嘉庆九年奉旨专捕蔡牵以来,李长庚转战于闽、浙、粤、台洋面,屡败蔡牵部。大小战斗百余次,每战均身先士卒。为官公而忘私,每次带领兵船经过海口,从不"回署"。嘉庆十一年(1806)秋,李长庚率部在闽、浙沿海追击蔡牵等人,身体受伤,皇帝赏还翎顶,并许以在捕获蔡牵之后赐以世职。因此李长庚感奋,益加努力。嘉庆十二年(1807)十二月,率福建水师提督张见升等追击蔡牵部入粤洋。二十五日至黑水外洋遇之。其时,蔡牵等仅剩三船,李长庚以浙江亲军专击蔡牵坐船,眼看将擒牵船,忽一小炮击中李长庚喉额,李长庚遽亡,蔡牵逃入安南。皇帝闻讯,追封李长庚为三等壮烈伯,赐谥忠毅,赏银1400两办理丧事,并谕在原籍同安县建立专祠,春秋祭祀。李长庚有女无子,由其嗣子李廷钰袭爵。著有《水战经略》《诗文遗稿》等。

《四明谈助》里,蔡牵作蔡谦,闽人,率世舶数十,大肆劫掠。而且这些贼还分帮派,有红梅帮、和尚帮、拦脚帮,漂泊无定。而蔡谦帮最为恶劣,每次抢了还抓几个人当人质,要银圆去赎,如果约定时间不去赎,就把人剖腹晒成鱼干一样,很残忍。

2010年在孝闻街发现了一块碑,碑首有"故李将军今见之"字样,李将军即为李长庚。据专家的考证,在昭忠祠前还有专门纪念李长庚的李忠毅公祠,是阮元来宁波时所新建,并由当时的邑令周镐写了碑记。这块碑是《谒李忠毅公祠题壁诗》的其中一块,为吴锡麟所写。

(七)萧王庙与牢石巷

萧王庙,在贯桥北。此处旧有佛阁,乃行刑之地,因立酂侯庙云。(延祐《四明志》)

酂侯是谁呢?即是萧何,汉初三杰之一,曾在酂地制定法律,刘邦统一天下后,以萧何功第一,封酂侯。在行刑之地立庙祀萧何,示民以法之尊严。

萧何被奉为狱神。监狱里也有神,自然没有坐过牢或是送过牢饭的人是不知道的。而今的监狱肯定不会有这个信仰。

萧何曾辅佐刘邦建立了汉初法制,制定了汉朝最早,也是最重要的一部法典《九章律》,被称为"定律之祖"。萧何跟着刘邦造反前,在县衙里当

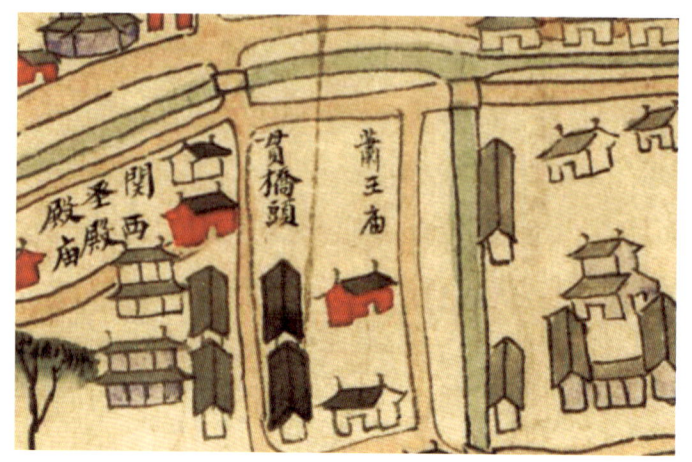

《宁郡地舆图》标示的萧王庙

过刀笔吏,以后又研究过秦朝刑法,制定出了汉朝的《九章律》。萧何"定律令,平刑狱",在建立汉初法律上有大功劳,所以被后世奉为狱神。萧何又称"青面圣者""青面神",《水浒传》第三十九回写宋江、戴宗被绑赴法场前,被狱吏"驱至青面圣者神案前,各与了一碗长休饭、永别酒"。可见萧何在宋代已成为被供奉的狱神。我以前听过黄桂秋的《苏三起解》,记得很清楚的有这么一句:"待俺辞别狱神,也好趱路。"

中国最早的狱神,应是尧时的大臣皋陶。有史书记载,皋陶据说是当时的最高法官,他制定了法典,用刑法断决案件,史籍载:"皋陶造狱,法律存也。"就是说,他是牢狱的首创者,是远古声名最著的刑狱之神。皋陶还是个清正的法官,史称其"决狱明白,察于人情"。皋陶任大法官时,"天下无虐刑",实属难得。

牢实巷,光绪《鄞县志》:"牢城营巷,一作牢食营巷,误,今呼为老实巷。"

【四】

圣徒先贤

裴君庙

一、巍巍芳躅想前贤

(一) 宁波府历代行政长官

1. 唐、五代

唐代的地方政府行政官制是这样的,行政长官称为刺史,其僚佐有别驾、长史、司马各一个。其属有录事参军事一人,司功、司仓、司田、司兵、司士参军事各一人,司户、司法参军事各两人。单从名字上我们大概也能猜个八九,管理仓库的、农业的、士兵的、人才的、户口的、法律的。不过加在一起不过十来个人。可谓简政。

唐代宁波有许多有名的地方官,简列如下。

裴儆,河东人。大历中任明州刺史。他上任的时候,刚碰上州城被贼寇骚扰过,他就行使安抚政策,一年多的时间,所有逃亡的老百姓都回到了家乡,开始恢复种田、读书。他奖赏人不用钱财,惩讨人也不借用威严,手下的小吏都安心奉法,没有人敢违反法纪。现在潘岙还有祭祀裴儆的庙宇,叫裴圣君庙。

王密,裴儆的后任,任期也在大历年间。他曾为裴儆写过《纪德碑》,

李阳冰撰的字。碑文不乏吹捧之词，但裴儆在任上兢兢业业，惠政于明州，也是榜样在前。李舟撰《去思碑》，大书法家颜真卿撰字。去思碑是记录以前地方官员功德的碑，顾名思义，离任了，我们老百姓还是想念你的。如果在任上，没啥作为，或者沸反盈天，就不会立这种碑了。

吴谦，字德裕。大历年间刺史，有善政。老百姓歃血而祀之。城西曾有泽民庙纪念吴谦与吴潜，谓大小吴公。

王沐，贞元四年（788）任明州刺史，"修废举坠，政治一新"，旧志书上用这八个字概括他的政绩，把荒废的修复起来，把掉下去的举起来。虽然没有写出具体事情，但这八个字，言简意赅，表述了他的贡献。他曾经把一部分薪水拿出来造夫子庙，得到了老百姓的积极参与，落成的时候，老百姓交口称赞。

任侗，贞元九年（793）刺史。城西的广德湖可以灌溉良田四百顷，任侗沿着旧遗迹增修。在宁波的水利史上重重地写上了一笔。

韩察，京兆人。这是一个在宁波城市发展史上开天辟地的人，长庆元年（821），他任明州刺史，觉得鄞江小溪的州治地方小，交通不便，不利于城市的发展，他主张把明州城迁到三江口。"易县治为州治，撤旧城更筑新城。功大而民不知役"。做了这么大一个大工程，老百姓毫无怨言，可见民心所向，为民谋福利，先苦后甜，老百姓心如明镜。

应彪，字德彰，汝南人。长庆三年（823）刺史，他是始造灵桥的刺史，当时造浮桥也不容易。跨江浮桥，长五十五丈。现在在鄞西四明山下的蜜岩村边上有一个庙宇，供奉应彪，蜜岩人多半姓应，说是应彪后人。

于季友，太和六年（832）刺史。曾筑过仲夏堰，可以灌溉数千顷良田。

羊僎，字公升，唐僖宗中和间为明州刺史，生平资料记载极少，全祖望有一篇《羊府庙碑记》，文章最后写道："府君名僎，不能详其世系里居。"现在鄞西石马塘尚书桥旁边尚有羊府庙，始建于明崇祯年间（1628—1644），当时周晋昌有文章记载，清代道光五年（1825）重修，虞定礼有文章记载。据民国《鄞县通志》记载："岁于八月廿五、廿六两日演戏敬神。"

清人梁章钜的《楹联丛话》上记载了旧时宁波府署大门一对非常有

名的对联："名郡冠东南，山连奉象，海环镇定，江抱鄞慈，赫赫岩疆雄浙水；循声稽史册，唐有黄羊，宋称吴赵，明绍张蔡，巍巍芳躅想前贤。"上联讲了宁波的地理范围情况，下联则写了宁波历史上有功于民的官吏的名字，"唐有黄羊"，黄就是修罗城的黄晟，羊就是羊偘，宁波以前很多地方都有羊府庙，可见百姓感恩戴德于羊偘。全祖望评价："吾乡牧守之祀，莫过于羊府君者。"就是说鄞县地方上祭祀地方官的庙宇，没过超过羊府庙的，可见羊偘的影响之大。唐末藩镇割据，盗贼蜂起，刘文从台州来侵扰明州，被羊偘率兵打败，刘的余党流窜在奉化，羊偘派遣部下黄晟去消灭刘文的余孽。羊偘死后，钟季文守明州，当时，钟季文与刘文两人都觊觎明州这块宝地，只是因为羊偘在任，使得两人的阴谋不能得逞，羊偘过世，钟先得到明州，后来又被刘文夺取，又被钟夺了回来。这些人为了一己私利争斗，弄得民不聊生。直至黄晟任刺史之后，才得保境安民。据碑记的内容，羊偘作为一个乱世中的地方长官，在他的任上，保障了百姓的安宁，而且在他生前，他的部下及周边的藩镇，占据阴谋均无法得逞，而且他发现了黄晟这个人才，有"任人之明"。凭黄晟的能力，愿意久居羊偘部下，可见羊偘的人格过人。"先王之典，有功及民则祀之"，凡是有功于老百姓的地方官员都应该得到祭祀纪念，流芳百世，香火永继，这是一个廉政教育，只有为老百姓做过事的官员才得到纪念。知人善任、提拔人才、保境安民，民间流传着许许多多羊偘的故事，均可以教育百姓善有善报，切实起到道德宣教作用。

黄晟，字明远，鄞县人。僖宗时应募于望海镇，因身矮未被录用，后募众据守平嘉，羊偘任为辅将。881年（中和元年），天台守将刘文攻明州，被羊偘击败，其部杜宗自宁海据奉化，黄晟率部进击，执杜宗不杀，尽驱至台州，缴获粟帛悉数归官，旋升奉化都护兼伙飞都副兵马使。值余姚镇将相嘉攻越州，杭州刺史董昌不能御，明州刺史钟季文遣晟领兵讨伐，擒杀相嘉，遂以战功授散骑常侍、浙东道东面副指挥使。892年（景福元年），钟季文卒，众拥黄晟摄明州刺史（另一说自称刺史）。黄晟在任期间，保境安民，广招文士，江东文士多来归，晟筑宅安置，称"措大营"。后董昌僭称

应彪绘像

黄晟(《四明人鉴》)

帝。896年(乾宁三年)钱镠发兵讨董,晟率兵响应,后董昌被诛。郡先无罗郭,民苦野居,898年(乾宁五年)晟率民采石筑罗城,周长18里,保一州生聚之安,又重建奉化江东津浮桥。在任18年,为官廉正,后封江夏县开国子。临终上疏,勿让子荫嗣,府库所蓄,皆题"送使"字样。

2. 宋

宋太平兴国三年(978),吴越王钱俶纳土归宋,置两浙提刑、转运二司。南宋高宗绍兴三年(1133),置沿海制置使,宋宁宗时,以明州升庆元府。统六个县:鄞、慈溪、奉化、象山、定海、昌国。

宋代的地方行政官制是怎么样的呢?宋太祖因为唐末五代藩镇以亲校为刺史的弊病,改任命京朝官出知军州事。

钱亿,字延世,吴越王钱俶的弟弟,后汉乾祐二年(949)判明州。宋太祖建隆元年(960),州升奉国军,即授公节度使。内和兵民,外固封守,市无二价,道不拾遗。又疏浚广德湖,筑湖塘周长一万二千八百七十余丈。它山堰坏了,钱亿跪在神前祈祷,并修筑完好坚固。乾德五年(967)去世,谥"康宪",老百姓建祠来祭祀他。

李夷庚,宋真宗天禧中,以吏部员外事直史馆知州事。市有花楼神,凡初来州上做官的人，都要去拜谒，但李夷庚把这花楼神祠给毁了。他是一个精通地理学的人。把疏浚清澜池的土，堆在镇明岭上，以壮案山。把州学文学迁到子城东北（今不存，地址在今中山广场），并疏浚东钱湖、广德湖，大兴水利工程。老百姓立庙祭祀他。

钱公辅，字君辅，武进人。宋仁宗嘉祐（1056—1063）中知州事。当时酒场课额不足，乡民倾家荡产不用供费。钱公辅把酒场官卖了，分轻重给他们安排劳役，不再调动老百姓，老百姓感恩戴德。

曾巩，字子因，建昌人。宋神宗熙宁（1068—1077）中，以度支员外郎守明州。修筑州城，明州的州城是唐末黄晟时所筑，至曾巩时，已快两百年，所以要大修一次，减去多余的收费十分之五六。浚西湖，写了篇《广德湖记》。在地方政事中，能体恤百姓的苦楚，曾经说过，害人的人不除去，肯定没法让人安居乐业。平时不依附权贵，但是善于防患，所以权贵也没办法中伤他。

陈瓘，字莹中，号了翁，南剑州人。宋徽宗大观（1107—1110）中以越州签判摄明州。明州职田的收入很丰厚，公分文不取，都登记在公家。著有《四明尊尧集》。后谥"忠肃"。

仇悆，字泰然，益都人。宋高宗绍兴五年（1135）以浙东宣抚使知明州。在任上，挫豪强，奖励良善。部下贪赃一分钱都要严惩不贷。明州罹遭兵火，仇悆拿出厨钱来捐助。饥荒年，把官府储存的东西亏本给老百姓，老百姓没有死亡也没有迁徙。升任直学士，为湖南安抚使。

张津，宋孝宗乾道年间（1165—1173），以直秘阁知明州。举乡饮酒礼，每年以正月初二在州学（孔庙）施舍菜。大概是资助一些贫困士子吧。率领同僚、乡绅及寓公（寄居在明州的一些有名的文化人），在讲堂中给他们敬酒，三爵而退，礼到为止。州城的老百姓感到很新鲜，都纷纷跑来看。曾经主持编修《四明图经》，张津是第一个编宁波地方志的太守。

赵恺，他的身份很特殊，是宋孝宗的儿子，封魏王，淳熙九年（1182）任明州行政长官，拿出属县的田租以供养学校，在任上，得到两歧麦，这在古代社会是一种祥瑞的征兆，画成图形，上奏皇帝，皇帝赐手诏嘉奖他。

曾巩绘像　　　　　　　　　　　　　　　张津乾道《四明图经》书影

死在任上。

　　范成大，字致能，吴郡人。淳熙（1174—1189）中，知明州，先前因为魏王赵恺守明州，每年进贡一些海鲜给宫中，但范成大奏言说，魏王是国家的懿亲，进献些两宫贡物是没话说的，但自己不敢学他那样。宋孝宗就免除了明州进贡海物。

　　苏玭，字训直，泉州同安人。通判明州。陈瑾，正直不苟，谪于明州。丰稷，明州人，以廉明称。苏玭告于官府，应该立二公祠在学宫，以二公为激励，学习模范。晚年学于朱熹门下，尽门人之礼。

　　程大昌，宋光宗绍熙（1190—1194）初知明州，碰上丰收的年景，酒税都超额了。有人拿着朝廷命令说请增税收，程大昌说："我可以不做官，但税收不加。"加了就加重百姓负担。大概就是这么一句简单的话，就让这位程大人，名标青史了。

　　程覃，字会元，宁宗嘉定六年（1213）为提举两浙常平茶盐榷、沿海制置司事。因为东钱湖、它山堰是灌溉的重要工程，但是就怕修理倒塌。所以他未雨绸缪，设置田租，以每年所收给浚导的人。同时免去海鲜、瓜果的征收，让惠于民。

胡榘,庐陵人,宋理宗宝庆(1225—1227)初以兵部尚书知庆元府,在任上疏浚过东钱湖。原来,钱湖湮塞,提举程覃拿出田租让百姓挖除葑草。胡榘修改了前面的做法,在农闲水退的时候,先修运河上的碶闸,放水入江,又放湖水入河。湖涸了,很方便疏浚,而且运河贮存湖水不妨碍春耕,农民非常方便。又拿出二万八千余缗增置田亩,用收入分给渔户,一人每年六石,让他们随时除葑草的根。老百姓都得到了实在好处。宝庆三年(1227),命令录事参军庐陵罗浚找出《四明图经》重订,为乡邦文献的延续做出贡献。

孙子秀,字元实,余姚人。进士,通判庆元府,主管浙江的盐事。先前盐场向盐民收盐,每一百袋盐附加五袋,名"五厘盐",其实为官员私吞,引起百姓不满,孙子秀上奏朝廷罢免了这一陋规。

陈垲,字子爽,号可斋,长乐人。宋理宗淳祐(1241—1252)初以秘阁修撰知庆元府。兴修学校,培养人才,劝恤民间隐情,特别重视水利工程,建回沙闸、碶,老百姓感恩戴德。

颜颐仲,龙溪人。淳祐五年(1245)以右文殿修撰知庆元府。自桃花渡向东到定海西市,有六十余里的河渠,湮塞很长时间了,农田没法灌溉,颜太守到任之后,就发动民间开始疏浚,得到老百姓积极响应,花了三年时间修成,花费五十五万七千缗有多,老百姓为了感谢这位太守,将河渠命名为"颜公渠"。还有一件事,沿海的沙岸,为豪门势力所占,说是纳税给官府的,但实际上官府公家并没有什么利处。颜颐仲把这事申诉于相府,先捐本府及制置使所收入的二万二千余缗,有权势的人家不能私自占领,沿海老百姓都受到了好处。

章大醇,淳祐八年(1248),以大府卿知庆元府。十年,因为淘湖浚河等水利工程完事,特转升朝奉大夫,又因为海道肃谧,水利兴修,职事振举,升集贤殿修撰。

吴潜,字毅甫,号履斋,宣州宁国人。嘉定丁丑(1217)状元。宝祐四年(1256)以观文殿学士判庆元府,兼任沿海制置大使。在任上,特别注意学校教育事业,培养人才。设立永丰仓,开设惠民药局。在任三年,尤

孙子秀墓前石刻

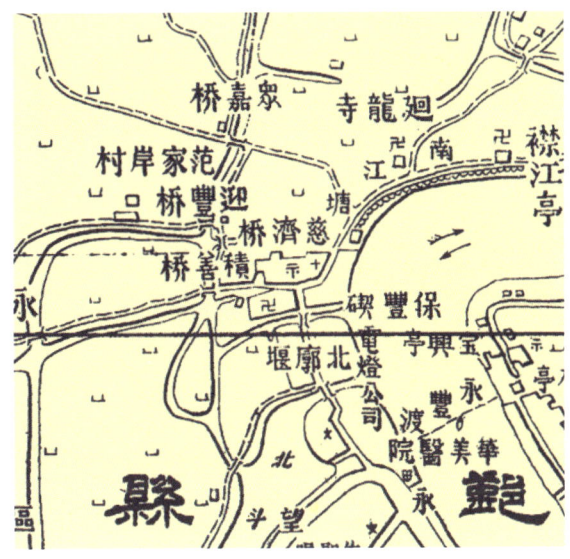

《鄞县通志·鄞县分图甲》所示保丰碶

其着力于庆元府城的水利,而今镇明路口的水则碑即为吴潜所立,"平"字也是吴潜所写。

叶梦鼎,字镇之,宁海人。以资政殿学士知府事,兼沿海制置使。在任上肃清海寇,只让贼首得到惩罚,拒收羡余之费(封建时代地方官吏向人民勒索来定期送给皇帝的各种附加税),修建济民仓以备荒年,修造驿舍以改善宾旅。咸淳三年(1267),召为参知政事。叶梦鼎虽然贵为宰辅,但知恩图报,年轻的时候,在城南杨氏书塾教书,杨家对他很厚待。咸淳丙寅年(1266),守明州的时候,为报答杨家,让次子叶应友做杨家的女婿。人家都说他的品德高尚。

3. 明

余文升,字子俊,镇江人。洪武十一年(1378),出任明州知府。前面一个太守比较严峻,他相对来说就比较宽恕了,在用人方面,他先用廉洁自律的官员,在农业上,劝百姓勤劳耕种,多栽桑树,兴修水利,都非常有效,第二年就被召进京城,升为工部尚书。

王琎,字器之,日照人。洪武时,因为贤能被推荐,授宁波知府。杜绝私自拜访说情,革除吏治中不好的成分,每夜四鼓升堂,在烛光下读书,书声琅琅,声闻于外。如果碰上大雨,亲自去看学校、仓库,查看漏水情况,用蛎灰做记号,等天好了,一一修葺。当时武官飞扬跋扈,王琎深恶痛绝,靖难兵起,他打算造船起兵勤王,因为和武官不和,被缚到明成祖面前,明成祖没有杀他,释放了他。他是一个极其清廉的人,平时都不吃肉,有一次他的儿子来看望他,偶尔吃一次肉羹,被他看到了,把肉羹倒埋在地里。

万斯同的明乐府诗里歌咏了这件事,诗名"埋羹守"。

埋羹守,尔为谁?
仕官何人不食肉,何事将羹向土埋?
埋羹守,何独"埋羹"后代传?
不见燕师逼江左?勤王一旅独争先。
吁嗟乎,今之仕宦皆争巧,饮人膏血犹未餍,区区一肉何足道。
吾欲买丝绣王君,天下太守普使闻,肉食腥风方未歇,眼前何日见斯人?

叶梦鼎绘像

姜昂,字恒颛,太仓人。成化八年(1472)进士,知宁波府。做官的时候,买一点肉孝敬母亲,自己基本食素。为政至诚不浮华,对百姓疾苦都十分关心。中官因为市舶的事来宁波,气焰很嚣张,姜知府不当他们一回事。他的儿子来探望他,囊中空空,姜昂把平日省下来的伙夫、马夫的工资给了一些让他回家,且说:"不要以为这个钱可以乱用,这也是赃款啊!"升福建参

姜昂像

政后退休。

伍符,字朝信,安福人。进士,弘治十一年(1498)来宁波任知府。才猷敏练,碰上事情立马就办。有一个杨姓之人,仗着杨着的势力,杀人无忌。伍符督查县令亲自拘捕,杖毙在牢中。当时杨家势力极盛,伍知府一点也不顾忌。曾经有事要拜访封疆大员,但守门的小吏因为他没送什么,不让他进门。后来,伍符升任本司参政,那个小吏害怕报复就跑了,伍公让人告诉他,如果回来就原谅他,否则拘捕他一家。小吏怀着不安的心回来,伍公就放过了他。

张津,字广汉,博罗人。正德六年(1511)任知府,廉仁公直,碰上事情,立即办理。市舶的太监倚仗权势不注意自己的言行,张津绳之以法。日本贡使多次来宁波,张津也按照国法办事,不让老百姓受累。有一年,郡城中大旱,他斋戒祈求神灵,拿到车盖,暴晒在太阳下,到天井龙湫祷告。等回来的时候,大雨如注。后来擢佥都御史。

林富,字守仁,莆田人,进士。正德七年(1512)来宁波任知府。广德湖湖田收税繁重,老百姓不堪其重。一个叫杨钦的读书人,奏请湖田五隅,要减赋二万八千余石,和花屿湖全折一样同例处理,没有回复。林知府上任的时候,赞成这个观点,五隅的老百姓立庙祭祀他。

蔡贵易,字道生,福建同安人。进士,万历十年(1582)任知府。宁波城东灵桥边上,有权势的人家都在那里设集市,于是道路越来越窄。有时候,走路的人都被挤到水里去了。万历十一年,发大水,浮桥冲坏,溺死许多百姓。蔡贵易写文章祭祀这些百姓,于是整改街道,把占桥的人的房子都毁了,换新桥,铁缆连接在一起,于是浮桥安全畅通。后太守张文奇又重新修浮桥,城里老百姓立祠纪念他们。

林梦官,字凤玉,龙溪人。进士,崇祯十年(1637)知府事。刚好碰上旱灾,步行到天井龙湫,到山顶,得到一蛙。走了二三十里,并没有雨的意思。林梦官说:"我所祈求的是龙,因为它能下雨,不下雨,这蛙有什么用,我要宰了它。"左右都非常吃惊,说,如果激怒龙王,后果不堪设想。太守回答说:"如果龙发怒而下大雨,我甘愿以身殉之。"写文祝告,斩了青蛙。

浮桥(《宁波旧影》)

一会儿,雷电骤兴,风雨交加。这里需要说明一下,旧社会的求雨风俗,是在龙潭下放一容器,如果有水族,无论鱼、水蛇、青蛙流入,即为"龙圣",迎回村里,预示要下雨,下雨完毕,要把水族送还龙潭,并要演戏酬神。

陆自岳,字岱瞻,武进人。进士,崇祯十五年(1642)知府。城中有巨猾,招人代役为奸,陆太守找到这个人,拘捕起来,权贵出面说情,也不领情,公事公办。崇祯十六年,有一个叫胡乘龙的人,在雪窦山造反,取国号"天萌国",改年号"宗贞"。派兵进犯宁波城,陆自岳抓了他们的内应六七个人,诛杀了。陆还派人侦查他们的行径,然后发兵直捣贼兵老巢,把十余个贼头都抓问了,余下的不过问,于是一城都安定了。明亡的时候,募民兵六七百人,不过都是一些老弱病残,有人就说了,要这些人干吗,当兵是要强壮的人。陆自岳回答说:"这些人都快饿死了,我们不收他们,他们就要帮助盗贼去了。"这是非常有深谋远虑的一句话。

4. 清

邱业,字厥修,安陆人。以诸生跟从洪承畴进攻云南、贵州,论功授知府。康熙十一年(1672),来到宁波府。当时兵灾过后,老百姓困顿不堪,所以他以"简静为治",与民休息。在文化上,地方府志从嘉靖后120多年没有修过了。邱太守召集编纂人员一起编修完成。距城南百里的大阆山，因为地接宁波、绍兴，从来都是强盗窝。刚好碰上"耿逆"没有平息，康熙十四年春，贼头龚万里聚众万余，据险出没，拒不受抚。邱业率壮丁，并合驻地的帅兵，分道夹攻，直接进入贼人的防线之内。龚万里没有意料到，进退两难，惊慌失措，只好投降，亲自登门到衙里陈述自己的罪状。邱业厉声说："你无故作乱，残害我百姓，万死不足以赎你的罪，今天是被迫而求降，我怎么会受到你的欺骗？"直接让人拉下去斩了。一城百姓，无不称快。天一阁中的钱绣芸，因为热爱读书，求邱业做媒嫁给范氏后人，谁知嫁入天一阁，也不能登楼读书，因此抑郁而终。这个爱书的女子，据说是邱业的侄女。

李定机，沈阳人。官学生，康熙十五年（1676）知宁波府。在任上，以爱民为主，严格要求衙役人员，不许做坏事。杜绝受赂行贿，一时老百姓称颂"贤太守"，在任上也修过府志，但没有开雕，一些藏书家仅有抄本。

甘国璧，辽东人。荫生。康熙四十一年（1702）来宁波做知府，廉明善断，每次碰上有疑难的案件，必定自己亲自微服私访，查出真实的情况，执法不阿。有良民被盗贼诬陷，典史还向良民求赂，良民哪有钱来贿赂他，于是典史要判他有罪。甘太守释放了良民，罢免了典史，一城百姓都称甘太守为神明。

曹秉仁，陕西富平人。雍正七年（1729）六月，由北直顺德调守宁波府。凡城中应该做的工程，他都做了起来，修城垣、学校、月湖书院，长春、大嵩的塘碶，完成了宁波府志。前面邱、李二太守修的志都没有刊印，只有曹秉仁修的可以继嘉靖间的张时彻《宁波府志》。

王绍曾，江南华亭人。王农山学士的曾孙，乾隆三十三年（1768），由翰林院出任宁波府。廉洁明决，有利必兴，有害必革，督课读书人尤放在心上。原来有月湖书院义田和慈溪县涂地，这些租金被胥吏侵蚀，以致书院的经费没有地方可以出，两边的屋也腐坏了。王绍曾上任后，查出每年租税银过千，于是修好了月湖的两庑，山长以及监院的修、膳、膏火、花红都可以从租金里出，书院从此兴了起来。"执法在平情，不猛不宽，留有作

曹秉仁修《宁波府志》

王元暐像

以还天地；整躬方率属，矢公矢慎，求无愧而质鬼神。"但这么好一位知府，因为委讯绍兴府下私蓄鸟枪一案，巡抚熊责因为情讯不实，将其落职回家。百姓都十分可惜。

（二）鄞县历代名官

1. 唐宋治县官制，每个县都有县令、丞、主簿、尉

储仙舟，代宗大历八年（773）任鄞县令。在任上，曾经疏浚过鄮胭湖。改湖名为"广德湖"。

王元暐，琅琊人。唐文宗太和元年（827）为鄞县令，他是它山堰的修建者。因为区域近海，没办法灌溉，他创建了它山堰，让江、河两分，旱则溪流七分入河，三分下江，潦则反是。又疏浚过小江湖，灌溉好多田亩，造福百姓，老百姓感恩于他，在堰的旁边修建了祭祀他的庙宇。乾道四年（1168），赐庙额"遗德"。宝庆三年（1227），诰封善政侯。

杨纮，宋仁宗景祐年间（1034—1038）为鄞县令。有恶少，借口贩卖鱼盐，居住在岛屿上，抢劫商人的财物。杨纮想了一个办法，使认得的人把恶少的船作质，等恶少回来，让他归还掠夺来的财物，且告诫他，恶少从

王安石

此不敢为盗。

　　王安石，字介甫，临川人。宋仁宗庆历七年（1047）调任鄞县知县。在任上，关心水利，许多地方都亲自到场。县人王致先生安贫乐道，王安石把他当作老师，王致去世的时候，王安石还为他写墓志铭。以县孔庙为学校，教养县中读书子弟，邀请慈溪杜醇为师。曾经把谷贷给老百姓，收取少量的利息，这样一来，又使新谷子代替陈谷子，恢复严保伍之法。以前鄞县的经纶阁、实圣庙，都纪念他。

　　张岣，字子坚，太常博士，宋神宗熙宁间，任鄞县令，疏浚过广德湖。

　　虞大宁，宋熙宁八年（1075）知鄞县令，在北渡的南边，积石为碶，取名风埔，专以却暴流，纳淡潮。现在北渡有风埔庙，用来祭祀虞侯。

　　方轸，字克载，福建莆田人。宋哲宗元符三年（1100）进士，授太庙斋郎，宋徽宗大观初，给皇帝上书说蔡京肯定要造反，请先杀了蔡，皇帝把奏折给蔡京看了，这下就惨了，方轸被投入大牢，随后发配岭南。没多少时间，又被释放。政和间，又去登闻鼓院告状。登闻鼓院，宋初，立登闻鼓于阙门之前，置鼓司，先以宦官，后以朝臣主管。景德四年（1007）始改称登闻鼓院，隶司谏、正言，掌接受文武官员及士民章奏表疏。凡建议有关朝

风珊庙

廷政事、军事机密、公私利害等事,或请求恩赏、申述冤枉、贡献奇异术等,如不能依常规上达皇帝,可先到登闻鼓院呈递事状,如受阻抑,再报告登闻检院。南宋登闻鼓院与登闻检院、粮料院、审计院、官告院、进奏院合称六院。皇帝因为方轸"长期作恶,死心不改"(状告皇帝宠臣),将其发配永州。后改燕云。碰上恩赦放回来。宋钦宗靖康元年(1126),恢复原来的官职,来鄞县做县令。因为没有钱回家,所以留在了鄞县,遂成为鄞县人。他的孙子方昌,是一个孝子。有一次母亲生病,病情严重,有的人跟他说,人肉可以治疾病,于是他二话没话,在大腿上割下一块肉做成羹汤给母亲吃,果然病就好了,乡里人把这件事上报给官府,官府为他立祠,取名"慈孝庵"。

方同翁,字希元,号遁庵,也是方轸的裔孙,学识渊博,并能身体力行,在宋亡后,安心做一位遗民,不出任元朝的官。方国珍占据庆元路的时候,写信给他,称呼为"宗人"(因为同姓),让他来辅佐自己。方同翁说自己是福建迁来的人,不敢和方国珍号称同宗,并且劝他归顺明朝。方国珍没有听他的。于是道不同,不相为谋。在乡里,很长寿,可谓德高望重,终身淡泊。

方佐,字用辅,方轸的八世孙,永乐间(1403—1424)以贡生参与编修《永乐大典》,书修成了,升任广州知府,在任上,百纪振肃。后来生病去世。方佐的孙子方志,字信之,弘治丁未(1487)进士,任金溪县县令,为政严明,洞达事迹。当时人为他编了一首歌谣:"除奸雄,得方公;民不死,赖方氏。"没多少时间升任山东参议,后来,竟然被谗言罢免。

姚栢,宋孝宗淳熙二年(1175)任鄞县令,三年,请求开浚东钱湖。当时魏王赵恺任明州府,同意他的意见,因为姚栢在任上政绩突出,特别发诏书升奉议郎,免除三年考核。

2. 明代的治理县的官有知县、县丞、主簿、典史、巡检

冷麟,山东人。洪武七年(1374)任鄞县令。精干敏捷,清廉谨慎,做事认真,一丝不苟。派办征科,务必使老百姓方便。为人天性仁恕,不忍心轻易处决一个人。

李亭,泽州人。洪武三十一年(1398)任鄞县令。是一个非常聪明的县令,坏人都没法欺骗他。有一户老百姓家里种的茄子,刚刚成熟,被邻居偷摘了,并拿到市场上去卖,于是两家争吵来告状了。李县令一声不吭,让他们把一筐茄子都倒在大庭广众之下。然后笑着对偷茄子的人说,这茄子真的是你家自己种的吗?要真是你们种的,这茄子刚刚成熟,你连这么小的茄子也摘了,可不可惜啊?偷盗者没法逃过他的火眼金睛。又有一件事,有两个军人用鹅笼养了两只鹅,路上碰上百姓家鹅群,于是心生歹意,偷了两只放在笼中。老百姓来告状了。李县令就问军人,你是用什么喂的?军人说,糠和秕谷。老百姓回答说,刚放养在野外,鹅吃的都是草。没过一会儿,"化验报告"出来了,两只鹅在庭中拉了粪便,吃糠吃草,一看就明白,两位军人无话可说。

曾直,字叔温,吉水人。以进士出任鄞县令,廉洁正直,非常勤快,没有一件案件被积压下来。本来,里甲买办费用出入都没有法度。曾县令上任之后,一切费用都是张榜贴告示公开在村庄里的。于是小官吏就不得上欺下瞒,做见不得阳光的勾当了。对东钱湖的水利,了如指掌。增设县学乡贤、名宦两个祠堂。因为丁忧离职。

丁袍，字天衮，丰城人。为鄞县县丞。曾经昭冤因为错案而判死刑的七个人。了解连续几年下来拘捕的一些人的真实情况，为他们申冤，并释放了他们。

徐易，字希文，永丰人。嘉靖二十四年（1545）由进士任鄞县知县，刚刚来到的时候，县里的小吏看他年纪轻，用一两件事试探他，他都能说起关键点，于是小吏们都不敢欺瞒他。"庭无留牍，赋无逋输"，既没有积累的公文案件，也没多收老百姓的税收，当然是一位好官员。徐易上书给朝廷说日本，"此奸人利互市，诱致之耳，不却，将为乱卒"，拒绝日本，然而倭患已骚动，大家都认为他有远见。

陈纪，字仲理，瓯宁人。嘉靖三十七年（1558）由进士知鄞县。当时有倭患，因为鄞县靠海，打仗的军队就驻在此地，军中所需都排给里甲，本来劳役以田赋为差，老百姓都拿不出来了。陈县令先把官舍和寺院庙宇清理干净，所需的器物用品，有的借，有的买，米盐零杂，自己亲自指挥自己动手，不用这些事来麻烦民众。五百个麻阳兵来了，要求犒劳军队，每个人一个猪头。陈县令杀了城中的一些猪。又索要鱼干，县令说，朝廷禁止捕鱼，哪有什么鱼干。又要马五百匹。县令说，鄞县这个地方是个泽国水乡，大家都是靠船来交通的。将军发火了，你知道有尚方剑吗？县令说，民间实在没有什么马匹，将军如果真的要，也只能把我的头给你了。将军拿他没办法。先前，兵来到鄞县，多住在城中老百姓的民舍中，又要求有钱人家运饷到军所。县令说，这个实在太麻烦了。撒谎说认识大元帅，把军队扎在郊外，需要的军粮都折合银两给他们，只要老百姓不受到侵扰。有一天，倭寇停了两条大船在海山下，城中的官民都若无其事的样子，县令拿出库存的银两，购买了二万石粮石，收藏起来。没到十天，戒严开始。四乡的粮食运不进来了，老百姓没饭吃了，于是陈纪发仓粜米给百姓。可见他的深谋远虑。因为政绩突出，提拔升任御史。

杨芳，字经德，四川巴县人。万历丁丑（1577）进士，出任鄞县令。在任上，做了两件事，一是赈助贫苦的读书人。还有一件事，当时的百姓因为重男轻女，往往生了女孩就溺死，杨芳严令禁止这种行为，左邻右舍如果不举报,一旦发现,就实行连坐。于是没人敢溺女婴了。

沈犹龙,字人伯,华亭人。万历丙辰(1616)进士,知鄞县。沈知县,到了任上,效仿古代社仓的方法,蓄存粮食,以备灾荒。并且出陈易新,让百老姓沾实惠。在长春门,做石筑堰,作利民的长远打算。老百姓取东钱湖中的茭蒋来肥田,缙绅有向这些人征税的,县令禁止私自收税,于是茭蒋杂草都去除了,而湖也疏浚了,东边七乡不受旱涝危害。为人精敏,吏事纷繁杂乱,他手判口酬,案几上没有多余的公文案件。记性又非常好,有人偶然有事来过衙门,过了几年,他都能说出经事人的姓名。一县传为神话。后升任监察御史,官至兵部尚书。

王章,字汉臣,号芳洲。直隶武进人。崇祯元年(1628)进士,崇祯三年由诸暨县调任鄞县。王县令是一个很有文学修养的人,敏练有操守,平易近人。判案如流水,部下小吏都不能欺骗他。在任上八年,每次在公务空闲的时候,和慈溪县令汪伟,定海县令龚彝,在月湖上泛舟写诗文。所著的诗文集名《公余草》,被上司称道。还会弹琴,"十指所搏,别有高山流水之韵,可谓良吏中之琴仙也"。后升为御史,明亡时,李自成攻陷京师,公当时巡城,不屈而死,赠谥"忠烈"(清谥"节愍")。鄞人曾把王章放在王荆公重恩阁中一道祭祀,后来又在天封寺左立祠祭祀,在殉难之日,每年都有相应的纪念活动。

3. 清朝的治县官制,县中有知县、县丞、典史、杖锡巡检、甬东巡检,康熙间(1662—1722)以四明驿兼甬东司事

董大翮,字清怡,江阴人。顺治四年(1647)以进士出任鄞县令,当时出征金华,要征收黄牛、石匠,董县令都给予相当价值的征用费,征税宽松,以仁待百姓,曾自己写歌刊布,劝山间的百姓安分守法。礼贤下士,风雅蔼如。

张幼学,字词苦,江南泰州人。顺治丙戌(1646)举人,康熙初年来鄞县做县令,警敏博雅,有干才。当时有许多军务事情复杂难处理,他总是应对自如,每天早上起来,耳听汇报,眼看文案,口中回答判断,一点疲惫的神色也没有。和大帅关系较好,所以士兵们也害怕他,因此小兵也不敢

《杨懿　朱国选合集》

扰民。会写诗作文,善写书法。在县中八年,临别之时,送的人用绫笺乞诗,大笔一挥,人人有份。

杨懿,字元徽,号静庵。陕西蒲城人。雍正四年(1726)以举人身份出任鄞县。在政上,勤政爱民,在丁祭日(旧时代,每年二月、八月第一个丁日(上丁)祭祀孔子,称丁祭),看到孔庙破败,立即捐俸来维修。又请改前巡道胡承祖生祠为义学。又修了一次城墙,又修筑大嵩堤,冒着暑热督修长春塘,生病五天去世。杨懿去世之后,他的门人王秉锐、徐起澜、屠可堂、黄泓等人,收集他政略和遗留诗文刊刻成册。

2013年,宁波出版过一册《杨懿　朱国选合集》,里面有相关杨懿的介绍,简单复述如下:

杨懿生于康熙三十三年(1694),为人纯朴,性聪慧好学,14岁入塾求学,15岁便能举笔成文,20岁中秀才,入县学,学业拔尖。雍正元年(1723)中举,次年参加会试不第,遂到河南就馆任教。其间潜心研读宋儒典籍,探究治国方略,学识因之大进。雍正五年(1727)二月就任鄞县知县。到任后遍访城乡,查阅县志,了解民生,根据县情制定了《治鄞要务》七条并要求每乡由一名乡中长者向乡民宣讲上谕精神等教化内容,同时又写成

兴修水利中的杨懿（盛元龙绘）

《到任六谕》，劝解县民息讼去奢，勤务农桑，安定守法等。到任不久就拨专款修缮县学，重振义学；又整顿保甲，建立联防队伍，整理户籍，普查人口；督办窃案，重惩累犯。对鄞县社会进行全面治理，在他大刀阔斧的行政改革和和风细雨的道德劝谕下，鄞县城乡面貌焕然一新，唯独大嵩地区因水利设施未具，民间呼吁兴修水利甚急，雍正六年（1728）大旱，受灾益深。为此，杨懿十余次深入大嵩民间，听取民意，了解灾情，考察地形，根据灾情数次呈文要求豁免大嵩地区赋，拨款修筑海塘，开河筑坝。在大嵩地区建设水利设施时又充分尊重当地乡贤朱国选的建议，依靠当地乡民的努力进行建设。在鄞县任职的两年半间，他共发动乡民浚修了5条河道，修筑大嵩海塘，修建碶闸多处，并对失修塌毁的宁波城墙进行修缮。雍正七年（1729）五月，奉化江畔的长春塘被洪水毁损，杨懿闻讯后急赴现场指挥抢险，通宵未眠，心力交瘁的他回到县衙后竟然一病不起，口不能言。于弥留之际，他索笔在纸上写下《五憾》："一曰皇恩未报，二曰祖泽未积，三、四曰城工、河工未浚，五曰父母年老而殁。"随及溘然而逝于县衙内，时在五月二十五日，年仅三十六岁，其时家中四壁萧然，没有分文积蓄。县人为他治丧时，十数名蓬头赤脚的大嵩农民连夜翻山越岭，步行

萧皋碶

百里赶到宁波城中，冲进灵堂，扶棺击盖，放声痛哭。观者皆为之唏嘘。杨懿死后，大嵩乡民自发募捐为他建庙以祀，曰杨公祠。后人又把他治鄞时的政务札记和57首诗词辑成《治鄞政略》和《静庵诗略》各一卷。

李宝默，山东德州人，进士，雍正十三年（1735）由云和县调任鄞县，对百姓安抚体恤得法，修建育婴堂，设置义田，乳养衣食，都有节度。催讨钱粮简化方式，冤狱都仔细简查。在任五年，升辰州府同知。

宗绍彝，湖北汉阳人。乾隆十二年（1747）由进士知鄞县。决狱公平，小吏不能插手。操守清白，尊重读书人。县中都称他为良吏好官。

宋鉴，山西安邑人，进士。乾隆十七年（1752）由常山调鄞县。东乡山水暴涨，坏民庐舍，宋县令亲自上门抚恤，以自己的俸禄补贴他们。又修筑万金土塘及甬东南北地塘，将南关的郑郎堰改作石坝，又修筑栋木、萧皋二碶，公家和老百姓都得到实惠。侍候父亲非常孝顺，把父亲接在官署里面，有些事，还征求父亲的意见，在政上得到老百姓的好评，都说是父亲的教诲。

段光清著《镜湖自撰年谱》

（三）宁绍台道

清初置分守宁绍台道、巡视海道，1667年（康熙六年）。次年改为分巡宁台温海道，辖宁波、台州、温州3府，驻台州府。1670年改设分巡宁绍道，驻宁波府。1685年改为分巡宁台道；1726年（雍正四年）兼辖绍兴府，改为分巡宁绍台道，至清末。

初，由布政使司参政参议、按察司副使等兼领道事。1753年（乾隆十八年）置道员，专其任。历任分守宁绍台道8名，分巡宁台温海道3名，分巡宁绍道4名，分巡宁台道15名。现就做过宁绍台道的四位官员说说。

1. 段光清（1798—1878）

字明峻，号镜湖，安徽宿松人。清道光十五年（1835）举人，道光二十四年（1844）以一等知县分发浙江，历任建德、慈溪、海盐、江山等地知县。

咸丰二年（1852），鄞县官府因催粮事激起民变，三月调段光清任鄞县后，立即采取平粮价、清盐界、诛首凶、散余党、安民心等策略，很快就平定了事变。当地人们都称他为"段青天"。咸丰三年（1853）九月，署宁波府事，十月实授宁波知府。十一月署宁绍台道兼府事，均兼摄鄞县。十二月卸县事,实授宁绍台道道台。咸丰六年(1856)调任浙江盐运使。咸丰八年(1858)冬任浙江按察使,晋封吏部左侍郎、光禄大夫。同治五年(1866)以原品致仕回籍。光绪四年(1878)病逝,终年80岁,著作有《吟梅草堂笔记》及《镜湖自撰年谱》。

对段光清的评价是褒贬不一的,站在封建统治者的角度来看,段是一位干吏,但是在社会矛盾百出的晚清时代,段的能力只是像麻醉剂一样缓和了当时的社会矛盾,只是暂时缓解了一位病人的痛苦,并没达到治病救人的目的。他与"鄞县清末三大案"相关。

(1)张潮清、周祥千起义。

咸丰元年(1851),鄞县盐商江某勾通官府,侵占田界,又设官盐店强征民盐,迫民价买,不从则罚,并纵巡丁四出侵扰,民众愤怒。石山弄人俞能贵等不堪忍受,首先发难,领头焚毁五乡碶盐店,诸村响应。鄞县横泾人张潮清受巡丁虐待,屡控于官,不准,反被诬为烧盐店罪首,被捕下狱。次年一月,数万乡民举旗入县城评理,焚毁江氏宗祠及江某住宅。知县冯翊被逼释放张潮清。

鄞县纳赋分红封、白封两种,平民纳白封,赋高于绅豪所纳的红封数倍(另一说白封为秋冬所征重赋)民不堪负担。咸丰二年(1852)三月南乡周韩村周祥千联络数人到县衙请愿,要求减平粮赋,冯翊以结伙抗粮为由逮捕周祥千。为救周,五月十九日,数万鄞县乡民从东、南、西门蜂拥入城,冯翊令兵拦阻,激起众怒,民众砸烂县署门窗,焚毁器皿服饰,冯翊越墙逃。巡道罗镛闻变,至提督衙门讨兵镇压,与入城乡民相遇,官轿被砸,众拥持罗镛至城隍庙讲理。后经知府毕承昭劝解解围,周祥千得释,应允减赋,众始散归。当夜罗镛、冯翊奔省告变。同月,浙江按察使孙毓溎、盐运使庆连率兵至鄞,逮捕乡民16人,烧民房数间。七月一日,孙毓溎遣副将张蕙搜捕五乡碶,恰逢浓雾,行至盛垫桥,遭到张潮清所率乡民伏击,官兵溃散,击杀其119人,俘27人。当日,新任鄞县知县段光清释放所逮村民以交换被俘官兵。同月,段光清以罢白封、红封和勘定盐场界址为诱,召周祥千至省城,旋被杀害。后张潮清等3人也遭杀害。

（2）陈春富、洪世贤"双刀会"起义。

咸丰三年（1853）五月，鄞县姜山、茅山一带以陈春富为首组织双刀会，响应上海小刀会起义，聚众设局于姜山。鄞县知县段光清用顾康兄弟所办团练分化、镇压双刀会，起义失败。八月，上海小刀会副首领张金山携印信、旗帜至鄞县联络，筹划在10月起事。事泄，陈、张被捕杀。秋，众推镇海人洪世贤为首领，据姜山仙岩寺，聚众3000余人起义，攻占姜山镇。宁波知府段光清派官兵和顾家团练合击，杀数十人，会众逃散。十月，洪世贤率双刀会会众移寨奉化雪窦山。次年三月，洪率众在奉化莼湖再度起义，与当地团练激战，段光清派官兵从水、陆两路围捕，洪世贤等兵败被俘杀。

（3）史致芬起义。

咸丰八年（1858）七月九日，鄞县陶公山渔民要求废除"贴水"（一种剥削方式）的克扣盘剥，宁波知府张玉藻不允。是日，陶公山渔船老大史致芬、王文龙领众数百进城请愿，不许，众怒殴知府。会雷雨忽作，始各散归。知府缉拿史致芬，并将派兵进"剿"。为防守计，史致芬聚众在东钱湖后湾口觉济寺树旗结寨。七月三十日，史率数千渔民入城焚毁江东大校场演武厅，遭宁波府练总李厚建所率团勇狙击，死十余人，退归东钱湖。省按察使段光清招降，遭拒绝。八月二十一日，李厚建率团勇袭击觉济寺，沿湖数万民众登山观。团勇惧退，众下山追击，杀声大震，打死李厚建等130余人。九月，史率众攻破东钱湖东面的大嵩所，缴获军械、船只，由王文龙领众驻扎鄞东泗港。十一月三十日，按察使段光清勾结东钱湖土豪戴殿元攻泗港，王文龙败走。次日攻破史致芬所据觉济寺寨，戴殿元等派家丁为内应，焚毁近寨诸村民房千栋，史率众突围。后因内奸出卖，史、王两人被捕，十二月七日就义于宁波江东大校场。

站在乡民角度来看，段光清无疑是一个刽子手。

2. 薛福成（1838—1894）

字叔耘，号庸庵。江苏无锡人。是清末著名的文学家、外交家，资产阶级改良主义思想的先驱。

薛福成

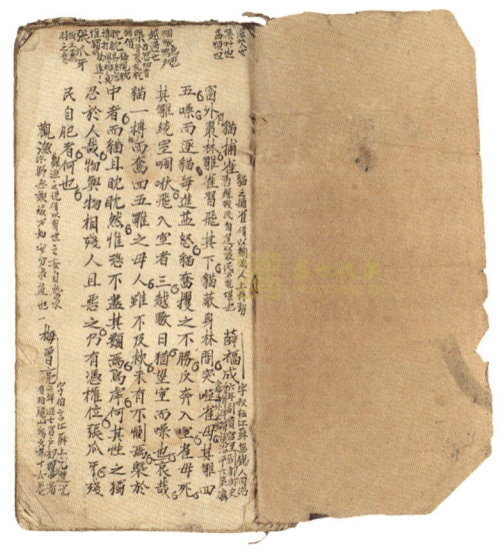
薛福成手稿

光绪十年（1884）春，薛福成以四品衔来到宁波，担任浙江宁绍道台。当时，他不仅要监察宁波、绍兴、台州三府的吏治和镇海、宁波两个海关，还要整饬防务，保卫浙东门户。薛福成在任期内，做了许多好事。试举三例。

（1）抗击外来侵略者。

在他任内，适值中法战争。法国侵略军派遣舰队窥袭镇海要塞。他兼任宁防营务处统领，亲自综理海防营务，进行钉桩、沉船、安放水雷来堵塞镇海海口，加强防守，同时把宁波城内的法国人迁到江北岸集中监视，并遍传定居在定海的教士集中到宁波城北，以防他们为敌人内应。并坚决顶住了主宰宁波江北岸"外人居留地"的法国主教赵保禄的种种压力。同时他发挥了娴熟的外交知识，通过巧妙的途径，迫使英国避不介入战争，孤立了法国，保全了英人势力范围内的定海岛和舟山群岛。随着越南和台湾抗法战争的激化，镇海口的形势越来越紧张。1885年2月14日，清南洋舰队部分舰因快敌退入镇海关。28日晚，由法远东舰队司令孤拔统率的法舰四艘驶入金塘海面。3月1日下午，法火轮驶近关口刺探航道，中国炮台立即开炮轰击，接着法舰直扑江口，向招宝山猛烈开炮。镇海要塞各炮台和口内的三艘南洋舰一齐开火还击，使冲在最前的敌舰连中五

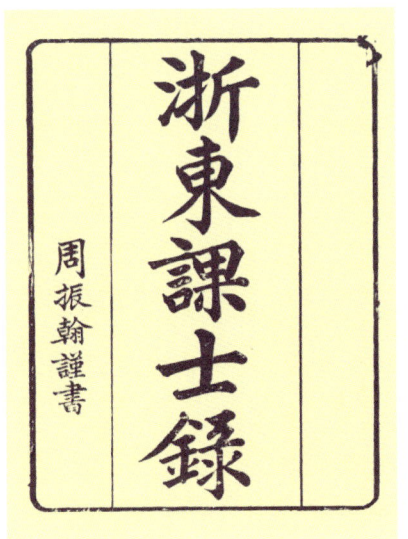
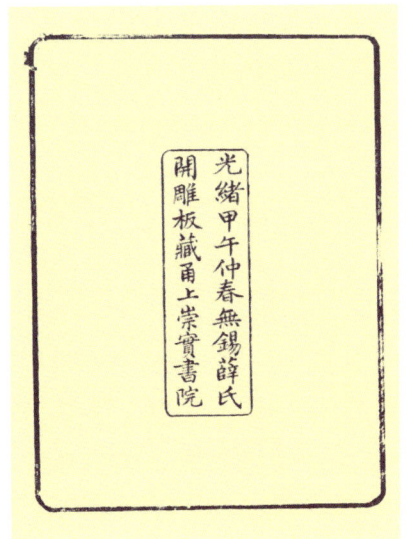

《浙东课士录》书影

炮,头桅折断,舷腰洞穿,法舰遂狼狈败退。2日晚,法军又两次派遣鱼雷艇进袭口门,也均被击退。3日晨,又有一艘装甲舰驶近虎蹲山北面,攻击招宝山威远炮台,守备吴杰亲自开炮还击,敌舰受了重伤,仓皇逃去。3月20日统领钱玉兴率领敢死队,秘密地把八门后膛炮运到舰停泊处之前沿,于夜半突然向敌舰袭击,敌军损失惨重。据说孤拔就在这次夜袭中负伤,不久死亡。法海军起初妄图一举全歼福建水师,并击败南洋水师,气焰甚为嚣张,至此却遭到了惨重的失败。在这次浙东抗法海战中,薛福成始终坐镇甬镇,运筹设策,团结官佐,激励士气,保卫了浙东海疆。

此后,薛福成为使"浙东门户、永臻稳固",并募集资金,购置七门德造最新式重炮,修建镇海要塞工事,选取形势险要,在过去设施不严的小港建造了笠山炮台,加强了招宝山威远炮台的火力;又在金鸡山、招宝山两个隔江相望的石矶上各修建一个炮台。这些炮台直至抗日战争中还曾发挥过作用。

(2)重视教育。

1885年4月,中法战争结束,薛福成开始办学。他先在道署西南叠山理水,题名"后乐园"。以揽秀堂充作培养人才的学府,选擢宁绍台三府儒生于此课读,评阅文章,循循教导、并收藏了一批古籍,供儒生学习。后来其继任者喻兆蕃正式成立崇实书院,还选编了学生们的九十七篇诗文杂著,汇刻成《浙东课士录》。

(3)治理城河。

时城河污染,"郡城大疫"。薛福成召集郡城绅士商贾协商浚河事宜,带头捐献私财,督劝文武官绅商贾量力资助。此举带动了郡城其他官员尽责尽力,负责重修城河职役鄞县丞汪龙珠、试用主簿王藩等,凡办公车马费、薪水之资都辞退不受,大大节约了修河费用。光绪十四年(1888)工程告竣,共修河道5227丈,完成土方6181立方丈,花费钱财3000余缗。这一工程及其耗费,同十年前的治河相比,工程量大致相等,可所花费用仅及过去的五分之一,不能不承认这是"在事诸君勤劳搏节、裁减浮费之实效"。自此城河流速增加,雨后水清如镜,疹气潜消,民皆悦服。为此,薛亲笔写下《重浚宁波城河记》。

(4)重视文化。

他派钱学嘉等3人整理宁波天一阁藏书,编成了《天一阁见存书目》六卷,于1889年刊刻出书,即现在所谓"薛目"。目内所列各书计二千一百五十三部,这个数字一直保存到民国三年(1914)。这对保护和利用这批珍贵书籍具有很大的作用。

薛福成注意搜集和阐扬浙东前贤的嘉绩善政,并用以教化浙东士民。他在宁波任上,了解到在清代就任宁绍台道的前辈有几位德泽在民,当地父老至今思之不忘:一是顺治初年的王尔禄,对明末遗民多所保全,还创设书院,培养了不少饱学之士,二是胡承祖,继承王尔禄爱民遗风;三是段光清,"平赋役,修水利"。曾有"三公祠"。薛福成又加了修城河的陈中孚和为浙东培养人才的李可琼,将三公祠重新修复,更名为浙东遗爱祠,"并祀五公,思扬其光,垂之无穷,且以慰士民慕恋之意"。

3. 吴引孙(1851—1920)

字福茨,祖籍安徽歙县,十七岁时补诸生。同治癸酉(1873)参加廷试考得一等,在刑部做个七品小京官。光绪己卯(1879),升任军机处章京

吴引孙雕像

吴引孙宅

领班。1888年秋离京出任浙江宁绍道台，兼浙江海关监督。

吴引孙到浙江任上，做的第一件事是创立崇实书院。"崇实"二字可见其办学宗旨。他首先教学生实学，而以文艺居其次，所以他的学生大都是实干家。这在国力极度衰弱的晚清时代，不能不说是非常有见地的。吴引孙在做宁绍道台之时，同时负责海防事务，而这时发生了一件中国近代史上的大事"中日甲午"（1894）战争。吴引孙在国家存亡关头，表现出了特别干练的才能，他亲自规划海防，建筑要塞，加固炮台，购买军械，训练新兵，沿海一带井井有条。因为十多年的政绩显著，升任广东按察使。

扬州也有一座与天一阁相似的私家藏书楼。光绪十四年（1888），吴引孙聘请浙江工匠到扬州营建私宅，前后用了五年时间，宅第的东北角，仿宁波天一阁的格局建造了一座藏书楼曰测海楼，取"瓠瓢可以测，管中可以窥豹"之意，期望吴氏子孙以测海的勇气，皓首穷经，奋发有为。

测海楼以其丰富的藏书，在扬州乃至全国文化史上占有一席之地。据吴引孙自述，他收藏图书是继承了"祖庇"，宣统二年（1910）出版的《扬州吴氏测海楼藏书目录》载明，楼内总共藏书分七类，计8020部，247759卷，其中不乏善本、孤本，如此丰富的藏书量，足以使吴氏跻身于当时国内

测海楼

藏书大家之列。

4. 喻兆蕃（1862—1920）

　　字庶三，福田乡清溪村人。20岁左右在县参加童试，3场考试均名列前茅，被补为县学生员。光绪十一年（1885），选为拔贡，接着参加乡试，考取举人。光绪十五年，参加殿试，中进士，钦点翰林院庶吉士。光绪十八年，因父病故，回家守孝。在乡期间正遇邓海山、罗凤冈领导哥老会在大安里起义，喻兆蕃招募乡勇500余名，协助萍乡知县守城，后受到清廷奖励。是年，签分工部都水司（分管水利的京官）。光绪二十一年，萍乡适逢百年不遇的大旱，赤地百里，饥民遍野，惨不忍睹。值此大灾时节，适逢在家的喻兆蕃，挺身而出挽救危局，只身赴金陵（今南京），求见两江总督刘坤一，面陈灾情惨状，请求赈济。总督即发库金数万两，并函赣省接济。当时在上海做官的黄爱堂，闻知家乡遭此大灾难，亦请拨款赈济。于是喻、黄两人协同合办，在萍乡城内设立筹荒局，分"散赈""平粜""贷种"3项。喻身任其事，不辞劳苦。这样，萍乡数十万饥民得以活命。

　　按清政府惯例，喻捐得知府，分发浙江。光绪二十九年（1903），奏补宁波知府。因围海造田和发展海运等事办得成功，被先后奏传朝廷，以道

喻兆蕃

员在任,候补加盐运使衔,二品顶戴。当时各帝国主义国家纷纷侵略中国,为了抗御外侮,清政府也力图变法,废科举,兴学校。喻兆蕃体仰国意,认为要驱逐帝国主义,就要教育全体民众,要振兴起来,就要有自强不息之精神,否则国家将被列强瓜分。因此,他一到任就着手创立宁波府教育会,统一教育权,改月湖书院孝廉堂为"师范",还创立"法政"等学校,并将村塾教师和本地的一些优秀人才进行集中教授。此举引起了一些地方顽固守旧绅士的百般反对,但他任劳任怨,不为所动,仅几个月的时间就培养了100余人。他创造条件,增加设施,普及教育,特别是小学教育。他提倡公立私立同时并举,很快就办起了学校300余所。离开宁波时,老百姓为他立"去思碑",又在道台衙门后乐园遗址建学社,名"喻斋",以为纪念。

光绪三十一年(1905),喻兆蕃与萍乡的几名大豪绅筹资3万两白银,组成萍乡瓷业有限公司,喻兼任总办,在上埠开办瓷厂。

光绪三十二年(1906),喻兆蕃调补为杭州知府,8月升援为宁绍台海防兵备道。在任期间,海门民众与外国传教士发生摩擦,他没有屈服于外人,而是亲自到该地义正词严地进行交涉,以致顺利解决。光绪三十三年八月任浙江布政使。当时浙江正在修筑铁路,因款项紧缺,几乎造成很大误会，经喻兆蕃察明真情，并为新任浙江巡抚冯汝骙疏解众疑，终使问题圆满解决。为征收地方税金，当时，清政府在侃家堰地方设卡，加重百姓负担，弄得怨声载道，民众虽多次请求撤卡，均不得允。他亲自查明此情，毅然撤除，民众欢欣。

光绪三十四年（1908），调回宁绍台道本任。不久母病逝，回家守孝。在此期间积极推广开办学校。宣统三年（1911）辛亥革命成功，政体变革，喻兆蕃除致力萍乡教育事业外，在家探研史料，从事著作。民国九年（1920），卒于原籍萍乡清溪。喻兆蕃一生共有《问津录》《温故录》《既雨轩诗钞》《既雨轩文钞》，均已编辑成书。

陈布雷在1939年的回忆录里说，十四岁时（1904年11月）随父乘船赴宁波参加府试，主考官即喻兆蕃。喻因自己早年中科，所以很希望选拔年幼的人才。他规定考生年在17岁以下者，"均别置试场于内堂"，由他亲自考试。府试一共考五场。第一场试《四书》义，陈考了第十一名；第二场为史论，这是陈的擅长，考了第一名；第三场为史论、策问各一篇，考了第四名；第四场为策问时务，考了第二名；第五场试《五经》义，考毕来发榜，喻将陈召至内署书室，问过陈岁数。然后说："我里有史论，策问各一，汝可当场写来。"陈一气呵成。喻一边看一边点头，吩咐从人备饭，并且引陈见其夫人。试毕，赠给陈湖北局刻的《古文辞类纂》一部，命老仆送陈归寓。第二天总榜发，陈布雷名列第一。可见喻爱才之心。

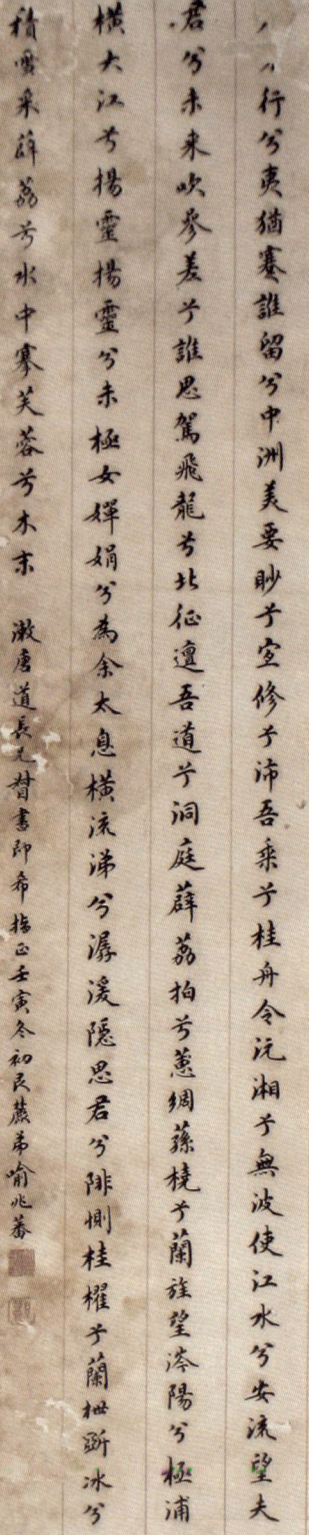

喻兆蕃手迹

孔庙泮池遗址

二、千载欲追圣人徒

(一)宁波府学孔庙、鄞县县学孔庙

1. 孔庙

汉武帝时,"罢黜百家,独尊儒术"后,以孔孟为代表的儒家文化受到皇家及官方的推崇,各地都兴建孔庙,或称文庙。随着孔子受到尊崇的程度的提高,孔庙的规格也不断升级,各地的孔庙或文庙也成为城市中主要的庙宇,也只有府县建制的城市才可以修建孔庙。每年由地方官主持祭孔大典。各地府、州、县也按不同的等级修建一定规制的孔庙,庙前广场建"道贯古今""德配天地"的牌坊,后有泮池。主要建筑为大成殿。因为历朝历代均尊孔,孔庙受到保护,不像有些宗教建筑曾在一些政治风波中受到毁坏,所以各地保留的孔庙的历史文化建筑也较多。许多府、州等级的城市,在孔庙边修建府学及考试的贡院等。在科举时代,孔庙是读书人的圣地,也是城市的文教中心。

2. 府学

府学在中山广场里面凹下去的地方。旁边有一个泮池遗址,用玻璃

19世纪60年代的孔庙大成殿(《宁波旧影》)

罩起来了,20世纪90年代考古挖掘过。解放南路拓宽时还挖出两个石抱鼓,是宋代遗物,体型很大。在《宁波旧影》里还有一张大成殿老照片,当时是外国人拍的,看样子大成殿应该有七间。天一阁博物馆内还有迁移过去的尊经阁。

北宋天禧二年(1018),太守李夷庚把孔庙迁建在现今中山广场的位置,殿后造明伦堂,前后泮池,合庙、学为一。崇宁间,诏号大成殿。建炎间,毁于兵,但是大殿及治平年间所制铁香炉与殿后的六棵古柏安然无恙,有个叫林昉的人捐钱草草修建"黉宇",绍兴七年(1137),太守仇悆立仪门、泮宫门、广讲堂、东西斋舍,庖湢都齐备了。淳熙三年(1176),魏王赵恺又筑射圃,建观德亭。咸淳六年(1270),太守洪焘维修更造,大学者王应麟写碑记。元至元十九年(1359),庙、学都毁于兵,只存了台门三门,教授潘梦桂、黄裳、吴宗彦、史复伯营建殿庑、堂、斋间,至元二十八年,浙东廉访使陈祥重建仪门,次年,建尊经阁,王应麟写碑记。明代洪武二年(1369),兴学设官。洪武十五年立卧碑。永乐十二年(1414)知府魏宗重塑孔子像。成化三年(1467),太守方逵修之,黄润玉写了一篇文章。嘉靖九年(1530),奉皇帝的旨意,撤像立"至圣先师孔子神位",改"大成殿"为"先师殿",大

府学文笔塔旧照

成门为庙门。又别立祠祀启圣公,以颜子父路、曾子父点、子思父鲤、孟子父激公宜配享。

原先台门外横路,东西各有石柱牌门一座,东通街,西通织染局。元代至正年间,总管王元恭斫断行路,用四石柱为咏归亭。又筑了杏坛,对立于西。后来都废弃。明正统年间,太守陆奇在旧址上建文昌阁。

3. 鄞县学

县学在现今的县学街,还保留了一个清代门楼。中山公园里的逸仙楼,即是从县学里搬出来的文昌阁。

鄞在汉为鄮,属会稽郡。唐属明州。县附郭,在开明桥建夫子庙于县东。五代改鄮为鄞。宋始立学。王文公安石宰县,因庙为学,在县东半里,请杜先生醇为师,以教养子弟。建炎毁于兵。嘉定十三年(1220),丞相史弥远以旧址湫隘,命守俞建以宝云寺西废掉的威果指挥营更之,于是先圣始有殿从祀分列,春秋释奠礼行。匾其堂曰"养正"。东西设四斋:曰"观善",曰"辨志",曰"习说",曰"敬业"。后屡圮。洪武初,损四斋,存二,更"养正堂"为"明伦堂"。正统三年(1438),守郑珞建明伦堂于殿西,左右列斋。殿之东建文昌阁,祠之东北为射辅。成化初,守张瓒割宝云寺西隙地以广之。弘治中,

鄞县县学门楼

御史金洪言于提学赵宽,徙宝云寺于戒香尼寺废址,以其基移建明伦堂,创尊经阁。嘉靖九年(1530),遵制易塑像以木主,建启圣祠于明伦堂东,又浚学门外砚池,立峰塔。嘉靖二十年,守沈恺建聚奎亭于仪门右。

县学,在旧时代是县内的最高学府,在这里曾经培育出无数的官员学子。而在民间,则分布在各城乡间,书院、讲舍、私塾、义学、斋堂等的建立都始于北宋。鄞县著名的如"庆历五先生"——王致、王说、楼郁、杨适、杜醇等各建数处学馆。在南宋时代又有"淳熙四先生"——舒璘、沈焕、杨简、袁燮主讲于各书院、学馆。据《鄞县志》记载,宋代鄞县城乡书院有15处,元代又增加5处,明代新创办3处,清代再增加8处。而分布于乡间村落的小型初级学塾、义学数量更多。如《鄞县志》记载的鄞县清代义塾46所,占宁波府三分之一,小型学塾有60余处,一般以教学本家族子弟为主。"旧学"最终目标为开科取士,以示"忠君、尊孔"。自隋炀帝大业二年(606),中国教学史上始设科举制度,其中在宋代320年间,鄞人考取进士达718名,占北宋至明清总数的六成,而鄞6名状元中,其中南宋3人,清代2人,明代武状元1人。宋代的鄞人考中进士人数,占全国的20%,占全省15.5%,占宁波地域的63%,可见鄞县的"旧学"教育曾有过

伏跗室

十分辉煌的成果。

但在旧时代的以"旧学"中的"开科取士"为目标的,其实占总人口的比例微乎其微,绝大多数的城乡民众教育的目的是读书识字、知义明理。在旧时代,家族内大约十分之一的男性子弟才有机会接受初级教育,多数是文盲,女性的文盲更为普遍。直到辛亥革命前后,鄞县才逐渐普及民众教育,宣统二年(1910),鄞县建立简易识字学塾16所。在辛亥革命之后,试行强迫性的扫盲识字,"新学"的浪潮逐渐席卷鄞县的土地了。

三、乌衣旧宅犹能认

(一)橙黄橘绿伏跗室

南国的冬天,是不太冷的,何况现在多暖冬,年轻人添件毛衣即可打发。如果遇上几天雨,天就会阴冷许多,于是渐渐会有一些冬天的味。路上的树叶多半已凋残,阳光显然也有点强弩之末的感觉,但还是有人愿意晒。三三两两的行人,不知道他们在忙啥,只是个人忙个人的事罢了,而我只想走走,去看看一些老房子,一来可以"暖足",二来可以在冬日里寻

鼓楼钟声 — 宁波老城的生命印记

伏跗室内代代橘

找另一种韵味的古意。

伏跗室在孝闻街与永寿街交界的西南角上,大门朝东,贴着街。在都是青砖黛瓦的时代,她并不起眼,在高楼大厦里,她也不显眼。

一个小院落,有一棵大橘树,谁也不知道这棵橘树多少年了,估计和房子的年纪差不多,据一位老太太说,她出生的时候,这棵橘树就有了,而她已是年逾古稀的老人。这棵橘树不是一般的橘树,它叫"代代橘",春天开花,花香浓郁,花落结果,果色橙黄,果子可以数年不掉,老果宿存,新果续生,几代果实"数世同堂",所以得名"代代橘"。果子还可以入药,想起苏东坡的诗来:"一年好景君须记,最是橙黄橘绿时!"而这个院落却是一年四季橙黄橘绿。

想来在小院子里,摆上一张桌子,拿出藏书楼里的线装书、金石拓片、名家手卷,泡上一壶好茶,在和煦的阳光下,伴着橘香、书香、茶香,或独自一个人,或三两挚友,把玩珍本,欣赏碑帖,自得其乐,诚如葛天氏之民。纳兰性德词云:"赌书消得泼茶香,当时只道是寻常",赌书的典故取自宋代女词人李清照的故事,李清照在《〈金石录〉后序》里写道,她常常与志同道合的丈夫赵明诚比赛看谁的记性好,能记住某事载于某书某卷

冯孟颛先生

某页某行。经查检原书,胜者可饮茶以示庆贺,有时举杯大笑,不觉让茶水泼湿衣裳。以前的人虽然没有电子时代玩的东西多,但玩得高雅,有品位。有时候看前人写的信笺,蝇头小楷,端正秀气,即使不看内容,也能把玩半天。

伏跗室的名字取典于王延寿的《鲁灵光殿赋》,而伏跗两字又非常符合宁波人的个性,宁波人多半闷、低调、不张扬、务实。像伏跗室主人冯孟颛先生就是这样一个人,冯孟颛(1886—1962),名贞群,字孟颛,一字曼孺,号伏跗居士、成化子、妙有子,晚年自署孤独老人。原籍浙江慈溪,从先祖迁居宁波市区水凫桥畔。从小好学爱书,不光精于目录版本学,也精于金石学,著有《鄞范氏天一阁书目内编》《伏跗室书目》《钱忠介公肃乐年谱》《鄞城古甓录》等,书楼藏书十万多卷,碑石拓本四百余种,藏书有许多善本,其中不少是宋椠本、元明清刻本、手稿原本。他自己在《伏跗室记》中写道:"勤聚俭读,至老不厌。"民国二十一年(1932),他出任鄞县文献委员会委员长,致力于地方文献的搜集和文物保护,发起参与重修天一阁、白云庄、钱张二公祠等甬上古迹,参与编纂《鄞县通志》(修辑《文献志》人物、艺文两编)、《四明丛书》,解放后为浙江省文史研究馆馆员、宁波人

冯孟颛故居

伏跗室防空洞

民代表会议特邀代表、市政协委员、市文物管理委员会委员，积极参加社会主义文化建设。在先生的藏书中以善本居多，比较珍贵的有宋刻本《名臣碑传琬琰之集》，元刻本《春秋属辞》《乐府诗集》，明刻本《刘随州诗集》等。尤为罕见的是名人手稿，如全谢山眉批的《鲒埼亭集》、姚梅伯的《姚复庄诗文稿》抄本，史荣的《李长吉诗注》稿本以及张麟淑手稿《李、杜、韩、白四家七古》等。在生命弥留之际，给"爱女"找了户好人家，把自己的书"化私为公"，全部捐给了国家。

在伏跗室里看着陈列窗里的老照片、冯孟颛先生的手迹，令人感动。在院子里徘徊良久，还看到橘树下有一个防空洞，据说是抗日战争时先生为了躲避日军的轰炸而造的，他誓与爱书共存亡。在宁波沦陷期间，他杜门潜居，伏处跗坐。俨然"躲进小楼成一统"，可见先生又把"伏跗"中的低调、不张扬、务实上升成一种硬气、傲骨、大义凛然。

（二）赵叔孺故居、葛夷之故居和回风堂

宝兴巷东接孝闻街，西抵文昌街。据《鄞县通志》记载，宝兴巷因巷内有慈溪人葛姓在此开设宝兴当铺，故名。这条小巷曾是民国的文化中心,住过赵叔孺、冯君木、葛夷之、冯贞群这几位文化名人。

赵叔孺故居位于宝兴巷1、2、3号。陈巨来先生的《安持人物琐忆》里有一篇《赵叔孺先生轶事》:

> 先生性奇懒,抗战前虽甚清贫,犹不肯挥洒,每至节日年关,始奋起书画,以付欠款。其治印亦不自珍视,且少留稿。余于癸亥年曾以一空白小册,求为留拓,十年之间,无一不精而美者,此为其全盛时期也,但不足百方,其少可知。其后凡有求之者,如周湘云、谭祖安(延闿)、姚虞琴等所嘱,悉命余捉刀矣。后被姚老所识破,对师大肆不满。先生笑谓余曰:只因你太要好,不像吾的草率,致被识破。故余即从此不代笔了。以后诸作,仍然方君诸人所刻,故面目都非矣。先生坦然自若也。综先生一生,治印确为其自刻者殆不过二千余方而已,然视㧑叔已倍之矣。先生曾以自闽所作,以及后来者所存印拓,零零落落,尽以付余收集,迄丙子年为止,约共二千余纸,余分门别类,保而藏之,至四九年又求溥心畲先生为楷书封面,拟以粘贴成集,永作纪念。至解放后,其族侄赵鹤琴,自香港寄来所精印先生遗作一册后,又驰书来向余借先生之治印拓片,谓拟以再辑印集,以广流传云。鹤琴雄于财,故余即尽举所存寄之,并作序文一篇附去(此文余五十元润求当时诗人许效庳德高所代写者)。孰料书既不出,印亦笑纳,甚至与余从此不通只字矣。余被其所绐矣。惜哉惜哉。今唯保存心畲封面一纸了。闻此兄去岁曾回沪探亲,年逾八十矣。

如果用魏晋风度来评,显然是《世说新语》中一人物。据《四明书画家传》的记载,赵叔孺(1874—1945),原名润祥,字献忱,又字叔孺,后易名时棡号纫苌,晚年自署二弩老人。鄞城人。出身显宦家庭,幼喜雕刻、绘画,被誉为神童。光绪二十四年(1898)后任福建平潭、福州、泉州等地同知。民国后居上海,以书画篆刻应世,由于造诣精深,声名大振,求者盈门。其书法宗"二赵"(赵孟頫、赵之谦),精通四体,尤工篆隶,落墨凝练,

赵叔孺印("明州赵叔孺书画金石""平生有三代文字之好")

气韵生动,浑厚朴茂,有金石气。善画花鸟草虫,尤著画马,有"一马黄金十笏"之称。精鉴别,金石碑版,无不娴熟。篆刻宗秦汉,参以宋元,精谨超逸,自成一家。四方慕名前来投师者甚多,在籍弟子达六七十人,其中沙孟海、张雪父、厉国香、陈巨来、徐邦达、方介堪、张鲁庵等,均卓然成家。著有《二弩精舍印存》《汉印分韵补》《赵叔孺先生画册》《赵叔孺先生遗墨》等。他的父亲、兄弟也很有名:父亲赵佑宸(1817—1886),字粹甫,又名有淳。幼时聪明,十三岁补弟子员,家贫以教书收入为生。中咸丰六年(1856)进士,授翰林院编修,出补江苏镇江府、松江府、江宁府、江南盐巡道、粮储道,官至大理寺正卿,年七十卒于任所。在官四十余年无积储,故颇有政声。唯诒谷堂藏书数万卷。善书法,楷书端庄工整,行书流畅纯雅,奔放秀丽,俊隽劲绚,深得前人精髓。光绪十年(1884)阿育王寺晋松歌石刻为其所撰。著有《江宁府志》《重修宝晋书院志》《平安如意室诗文钞》等。弟赵时棡(约1875—1937),字楷夫。光绪间诸生,幼承家学,以读书为本,兼习书法,楷书工整秀丽,行书气韵生动,篆书得父之传,圆润有致。兄赵时桐(约1862—1926),字仲琴,鄞城(今宁波)人。幼承家教,能书,少习楷书,后习行书,端庄秀雅。尤能小楷,工整挺拔。著有《云石轩求是

赵叔孺故居

草》七卷。

  赵叔孺故居系清咸丰翰林赵佑宸所建，主体建筑坐西朝东。赵氏定居上海后，将宅院前进卖给浙东著名藏书家冯孟颛先生作为伏跗室藏书楼。依然住着许多人，显得很逼仄。2010年12月，被公布为第三批区级文物保护点。

  宝兴巷10号，是葛夷之旧居，20世纪30年代，张吾道为葛夷之订的《葛夷之撰书例》跋文："故游宦所至，踵门来请者，穷于应接……岂吾儒门束脩以上方义哉。葛旸（1862—1949），字夷谷，号夷之。慈溪人，后居鄞县。受业于冯君木，与吴泽、沙孟海并称冯门三大弟子。书法六朝两晋，秀劲苍老。

  周节之在《翰墨林印社》中回忆葛夷之先生：

    1938年某日，一长者来我印社观看陈列印样多时，问小佑先生在否？告以家父已去世，彼颇为惊愕。觅节之所作印略窥门径，遂加意指点，并嘱多临摹秦汉玺印，以求古朴。询之方知是宁波著名书法家葛夷之，曾与先父有翰墨交，同沙孟海老师、吴公阜先生相友

冯君木　　　　　　　　　　　　宝兴巷

善,同为冯君木前辈门下。他虽不擅作印,然对治印一道,深有研究,精于鉴赏,善于指出作品瑕瑜,后累蒙指教,允列门下,并为我起室名曰"息柯筱",因此我又以"息柯"为号。时舍弟律之尚年小,但受家庭熏陶,亦已习书作印。

葛夷之曾赠周氏兄弟古诗一首,名《题息柯筱周氏兄弟印稿》:

> 世乱艺坛久沉寂,凿印今有大小周。
> 胸罗秦权汉碑碣,心仪悲庵吴攗叟。
> 旁及龙门造象刻,钟鼎石鼓古勾娄。
> 文从字顺各识职,意象惨淡勤索搜。
> 我书意造本无法,无法之法神与游。
> 游刃恢恢似有余,石我两忘意始酬。
> 吾人所学雕虫耳,大不能王小不侯。
> 经之营之志不渝,小技自亦足千秋。
> 诗成似闻刀谡谡,独坐小楼灯幽幽。

海曙区宝兴巷 11 号则是冯君木的故居"回风堂"。当年,冯君木离开故乡慈城,远赴上海期间,曾在宁波住过 12 年。冯开(1873—1931),初名鸿墀,字阶青,又字君木,号木公,慈城人。25 岁起由拔贡官丽水训导,后升任宣平县学教谕。不久便称病回乡,与陈训正等人创办"剡社",教书育人。曾任宁波省立第四师范、效实中学教师。1923 年,任上海修能学社社长,后病逝于上海。生前和况蕙风、吴昌硕、朱古微、程子大等人过从甚密。与文友陈训正、应启墀、洪允祥四人,被誉为"慈溪四才子"。因其书斋名为"回风堂",时人也称其为回风先生,其门人则多自称"回风堂弟子"。沙孟海先生在《冯君木冯都良父子遗事》中说:"先生中年寓宁波宝兴当弄时,自题楹帖云:'葆爱后生若珠玉,抛遗世法等唾洟',历年经他识拔培养成才的青年不在少数。"即指冯先生培养了不少人才。

(三)叶机与叶宅

叶宅在永寿街与孝闻街交界的十字路口西北角,隔着永寿街,对面即是宁波民国时三大藏书楼之一的伏跗室,伏跗室临着孝闻街,是坐西朝东的房子,而叶宅是坐北朝南的,叶宅的中轴线上依次是门厅、前中后三进房屋,两侧厢房,组成一个四合院式院落。永寿街一带还有好些文物建筑,像万氏别第、屠尚书第、林宅、元戎第、赵叔孺故居,可见这一带的人文渊薮。单说叶宅的过去,《四明谈助》上记载:"林氏宅左有陈明府宅。陈明府谐,康熙辛酉副贡,官长乐知县。今其宅并地统售于上海令定海叶机建第。"陈明府的族孙陈旭峰先生还是《四明谈助》作者徐兆昺的老师。他是乾隆庚戌年的会魁,官做到国子监的助教,文章在京城名气很响,跟他学习的人很多,因为眼睛疾病告老还乡。任月湖书院的院长。徐兆昺跟着他读书的时候,他在卢氏三桂厅教书,三桂厅池亭花竹,环境非常不错。还与月船先生卢镐的讲舍相连。卢镐是全祖望先生的弟子。每个月两馆的学生都要以文会友,拿出别出心裁的文章。陈旭峰先生留有《杏本堂文稿》。

叶宅

叶机(1764—1824),字宗藩,号莱山,岱山人。诸生出身。清嘉庆初,蔡牵率起义军攻占长涂等岛。清廷命定海总兵李长庚征剿蔡牵。叶机出资募集义勇,带领胞弟叶槐等下海和蔡牵作战。还建议浙江巡抚阮元,采取征剿与招抚并行的策略对付蔡牵。嘉庆十八年(1813),任上海县知县,在任上做过许多事,一是设"上海栖流公局",这是官办的慈善机构,嘉庆二十年(1815)的春天,风雪天寒,加上米价昂贵,上海的外来流民、失业贫民饥寒交迫,很多饿死在路旁。叶机看到以后立马命令同仁局董事兴办栖流公局,要求把城中贫病流民都送往栖流公局,安置好流民。当然公益设施也要有好的管理制度,一听说免费,许多人都来了,有钱装没钱,冒领面包,叶机为此特出了一个《栖流公局规条》:斯局专为沿途垂毙病茕而设,有雇主或亲属可依的佣工、残废病废之人、鳏寡孤独及无病贫民均不予收养;为防止畏罪逃跑之弊,涉及讼案者亦不在收容范围以内;又因房屋有限,亦不收妇女;病茕须先由保甲查明姓名、籍贯、年貌,只有身无伤痕,委系患病沉重亦无近地亲属者方可填写报单,送往栖流公局收养;局中将为病茕提供衣食之需,并延医诊治,病愈者由保甲填写领单带出,发给路费200文遣回,去而复来者不准再收;若出局流民后实在无家可

归,可转送松江府普济堂收养;病故者由局中施棺掩埋。(黄鸿山《中国近代慈善事业研究》)

二是在嘉庆二十四年(1819)又重建了上海药皇庙,叶县令亲自撰《上海药皇庙碑记》并书写,碑文如下:

上海药皇庙乾隆五十三年各药业公议规条,捐贮银两,以为恢廓庙貌之资,立有捐簿可稽。然为数无多,难以举事。嘉庆初年,同业毅然踊跃,遂相率而议其事。是役也,同仁堂之左,有余屋数椽,议价购之。相度地势,鸠工庀材,丹漆黝垩之属毕具。前面筑以墙垣,高接楼檐;正中建宫门二,左右各设门二。前构戏台,中营大殿,塑炎帝神农氏圣像于中,两廊庑作楼于其上。后为和义堂,乃同业憩息之所,有公事则公言之。东有余地,盖屋数楹,设以厨房,凿以深井,余为洒扫工作值殿之居处。夫而后殿庭宏敞,堂宇深邃。凡所以报圣德者,至今日而始备。于是同业者咸相戒而言曰:"善作者必善成,今而后未可以云葳乃事也。当议所以绵延于不朽者。"佥曰:"善。"乃新立规条,共欲勒诸贞珉,而求序于余。余思圣德巍巍,直超二帝三王以上,其足以使斯民之疾疢不作,共跻于仁寿之域者,岂余之所能称扬于万一哉!然使不综其巅末而记之,恐历久而不彰其善念也,是以为之序。

嘉庆二十四年岁次己卯四月同业公立
知上海县事定海莱山叶机撰并书

药皇是药材业、医生行业的庇护神,也是广大老百姓的庇护神。人吃五谷杂粮,没有不生病的,所以都祈求得到药皇神的庇佑,庙里有戏台,可以娱神娱人,而且是药业同行休闲的地方,也是讨论公事的场所。

道光元年(1821),叶机升高邮知州。高邮州地势低洼,常患水灾。叶机倡导居民筑河堤,疏导湖水入江,水患稍宁。叶机的《泄湖水入江议》,就是针对高邮水患的。高邮至范堤各闸二百里,堤外至海二百余里,坝水下注堤内之河已淤阻,堤外之古河王巷也已淤塞,均不能入海。叶机亲自访问了当地的百姓,百姓们反映,说高邮坝开水流一个月都不能流到堤下的串场河,而许多老百姓为了防水患,自己出钱围筑地基、田圩,这种自扫门前雪的做法,让水流起来更曲曲折折,排泄力度很差。叶机思考了很久,想先把水导入江,再由江入海,把年久淤积的河道挖深,水都回归正道,这样水不会滞留在地面。同样统一安排,老百姓自然得利。又主持修理珠湖书院和育婴堂等。道光三年(1823),调任海州直隶州知州。次年,在去海州途中病逝。叶机尚武能文,著有《海天吟》《藤花集》《珠湖诗草》等。长子叶熊,授直隶保定知县,著有《蓉州诗钞》。三子叶炯,任四川合江、崇庆、资阳等州县官吏,著有《惜阴草堂》等。

龚自珍先生有一篇《书叶机》,文章开头第一句即为"鄞人叶机者,可谓异材也",后面记载了叶机的故事,说嘉庆六年(1801),乡试开始,叶机以廪贡生的身份,准备好了所有考试的用具,但听到了巡抚的命令说,叶机不用考试了,让他去灭海盗。这位巡抚就是阮元,因为他听说叶机的名声很响,沿海的人这样说,信官不如信叶机,比起官兵,海岛更怕乡勇,而乡勇非叶机不能组织管理。所以阮元让叶机去组织乡勇灭海盗,而不用参加考试了。

叶机组织了这样三类人,一是孤苦伶仃无依靠的年轻人,二是拳力过人的,三是在海上捕鱼受到过海盗伤害的人。这三类人,一类是无后顾之忧的,一类是英勇的人,一类则是为报仇的人。一夜工夫组织了三千人,可见叶机的能力之强。

出兵之日,选了一个非常好的日子,潮水涨了,而且风很大,龚自珍文章里说"一枪之发抵巨炮,一橹之势抵艅艎",首战告捷,杀了四百多个海盗。从此以后,海盗见叶机,闻风丧胆。叶机的船上有旗是红心蓝边的,上面写着"代山"(即岱山,他的家乡),海盗看到这个旗子,就逃得无影无踪了。因为缉盗有功,阮元奏于当朝,封了叶机当了知县。

龚自珍说叶机是鄞人,或是由于叶机在宁波城里有这幢房子的缘故吧!

（四）元戎第

元戎第在永寿街，由门厅、倒座、厢房、前后进、附房等组成。现后花园改建为楼房。

《四明谈助》记载："沈瑄，以武学生出身，嘉庆间官至广东水师提督，巡洋缉匪有功。道光二年（1822），以原职休致。时，请谒睿皇帝陵，恩赐在家食半俸。四年归，卒于家。钦赐祭葬，谥'勤毅'，荫一子以同知用。"

《鄞县通志》瑄作烜，传记内容也更加详细。沈烜，字再中，一字午亭，他生下来的时候，就长了两颗牙齿，一家人都有些害怕。但有看相的人说这孩子生有异相，他日定然不是凡品。十八岁的时候以骑射补武生。二十岁从军隶属浙帅麾下，由哨司慢慢地提拔到千总。安南盗寇、内洋蔡牵相互倚靠相互增援，气焰凌人。沈烜随从浙帅多次围剿海盗。嘉庆八年（1803），战于定海徐公洋，伤及胸部，流血不止，但仍奋不顾身杀敌，获首功，提升到温州左营守备。嘉庆九年，战于尽山洋，遇上了飓风，船被刮坏，浮在水面上，但他还是死里逃生跳到其他船上，擢温州左营游击。碰上安南新换了主政者，以前恭敬地侍奉大清的政策都发生了改变。而粤境内海盗聚集于粤洋，人数将近数万，广东提督吓坏了，赶紧向朝廷汇报了这个事情，请求派遣邻省福建、浙江可以统领水师的将领。仁宗皇帝知道沈烜的才能，在一份闽浙人才的单子里，用朱笔圈出了沈烜。沈烜被任命为署广东大鹏营参将，他抵达粤地后从潮州总兵征石大乌，从南澳总兵征郭婆带。每次战争，他总是冲锋陷阵，粤兵从来都比较怯懦，看到这个样子十分害怕，沈烜警示以军法。众人都害怕他，但沈烜对兵士十分仁厚，士兵有受伤的，他亲自过问汤药情况，兵士有阵亡的，为死者厚殓，并为兵士请恤，于是全军都感谢他。擢春江协副将，总督百龄依靠沈烜像双手一样。本来到了任期，可以入觐皇上，但百龄上奏皇帝说，这边事情还没有完，希望让沈烜留下来，辅佐他治兵广州。嘉庆十五年，沈烜督新兵出海道，斩贼以千计，又用火攻烧沉了敌人的船只。海盗十分惊奇，本来粤兵都是胆子小不敢出战的，这回怎么这么勇敢，战斗力这么强。百龄也亲自

元戎第

严守关隘,海盗的这次行动几乎一无所获。

据说嘉庆十八年,沈烜见皇帝,皇帝问他:打仗这么多年,有受过伤吗?沈烜回答说:有啊。皇帝让他解开衣服,看了看伤痕累累的战场老将,皇帝又问:受伤的地方好了吗?沈烜说:已经痊愈了。

(五)林氏旧宅

林氏旧宅位于宁波海曙区永寿街43号。

林氏为甬上望族,号称"北郭林氏",是一个名人辈出的家族。旧时在永寿街、孝闻街口立有林家的父子登科坊,而今难觅踪影。

北郭林氏都说是林特进保的后裔。特进是一个封赠,据相关资料介绍,特进始置于西汉后期,本非正式官名,为引见之称。如汉成帝时张禹以老病罢,仍以列侯身份朔望朝见,位特进,见礼如丞相。行之既久,渐成加官。以赐列侯中有特殊地位者,朝会时位仅次三公。《后汉书·志第二十八》:"中兴以来,唯以功德赐位特进者,次车骑将军……"魏、晋、南北朝沿东汉之制,皆为加官。隋用文散官名号,位于开府仪同三司之上。唐、宋为文散官,第二阶,正二品,位开府仪同三司之下。金、元位于开府仪同三司、仪同三司之下，官品相同，金从一品，元正一品。明以特进光禄大夫为文散官最高官阶，无单称特进之官。清无。

因为林保是宋代的，照解释应该是文散官，正二品，也是一个高官了。因为是封赠，所以还是一个荣誉性质的官。林保，字芘民。政和二年（1112），为广西经略司属。蛮境荒远，许多兵将经常掠夺边界上的老百姓，以为这样做可以得到封赏，林保在任上就制止了这样的行为。在边荒地带做得很有成绩，提拔为兴国军的行政官，有政绩，改提举市舶，他却辞职了。他在家里休养十年，把夏代少康开始一直到唐代肃宗时代中兴的故事编成一册，名《中兴龟鉴》，得到宋高宗赏识。

在明代，林家又出了许多人，林祖述，字道卿，号槐庭。万历十四年（1586）进士，历官贵州参议。参议是从四品的官，明代于布政使下设左、右参议，无定员，分守各道，并分管粮储、屯田、清军、驿传、水利等事。后来他的儿子有出息，赠刑部右侍郎，当然赠官都是名誉上的官，著有《大椿堂稿》。

他的长子是吏部侍郎林栋隆，字无过，号栩庵。万历四十七年（1619）进士，仕途最后做到吏部左侍郎。他有三个儿子，宏琛，字献君，一字丹崖。国学生。袭荫刑部主事。宏琦，字云书，明亡时极力勤王，而且会作诗，也小有名声。宏琅，字奂君，明亡后，立志做遗民，不降清。

次子林岳隆，字视公，一字叔觐，淡于荣利。他的哥哥做了官，他也没有去拉关系，做了四十年秀才，一个功名也没有考上，丙戌（1646），已是明亡后，以次当贡，他放弃了。自号"西明山人"，张苍水曾经推荐过他，招他入幕府。他没有去，叹气说："天所废，莫叮支，徒死亦无益。"有一次一只眼睛突然看不到东西了，过了十九年又看得见东西了。于是好朋友之间写了"复明"诗以示庆贺。他穿着很朴素，善写大字，书风在欧阳询与米芾之间，又喜欢写诗，有这样的诗：

  莫嗟贫，莫羡富，天公位置有定数。吃粝饭，穿粗布，聊充饥寒行我素，不随波，不受污，乱世功名草头露。劝世人，尚早悟，不见北

林氏旧宅

邙山上尽坟墓?

这诗有点宿命论,有点空虚观。有点《红楼梦》里《好了歌》的味道!似乎经历过天崩地解时代的人才会写得如此悲情。著有《西明集》。

三子林祚隆,字永如,一字隐鹄,参加过抗清义军,失败后,归隐剡源九峰山中。晚年体弱多病,但仍然坚持写些诗文,有《淡窝集》。

小儿子林亦隆,字万叶,号雪蛟,赋性豪迈,才气比三位兄长都要好,画江之役时,在庄元辰幕下起草檄文,做过大量文案工作。庄元辰举荐他,上书几万言,但当局不用,于是林亦隆从此奔走江湖。家贫如洗,与李杲堂、朱柳堂等遗民一起写诗唱和。他还是一个会度曲的人,著有传奇数种。喝了酒,与伶人"长歌以寄牢骚之感"。名气很大,说起"林四公子",童叟皆知。

林家四公子的后人,或许因为生于乱世,基本与新朝的功名无缘,而家族也如波浪,时起时伏。现今的林氏旧宅为清代建筑,或也是林氏后人在祖先居住的地基重新建设的。主体建筑坐北朝南,由台门、门厅、主楼组成,总占地面积800多平方米。

屠濆墓道石

民国时期曾任宁波工务局局长的林绍楷和其弟林绍楠皆与蒋介石关系甚密。林绍楷,清光绪至民国间(1875—1949)鄞县城中人。工诗文,善书法,尤以楷书著称,点划有序,功力深厚。(《四明书画家传》)林绍楠(1889—?),曾任国民政府外交部特派南京交涉员,外交部第一司帮办兼科长,驻台湾(日本占领时)总领事,外交部驻浙闽区视察专员。字颜树。(《20世纪中华人物名字号辞典》)林家后来将部分住宅出售给俞姓、范姓等。

1999年9月,林氏旧宅被公布为宁波市第二批市级文物保护点。

(六)屠濆故居

光绪《鄞县志》称尚书街为祝都桥巷、芳嘉桥巷。街因旧有尚书第得名。此间出过两尚书,一为屠濆,为吏部尚书,吏部为六部之首,又有着天官之称,二为屠粹忠,兵部尚书。

据《四明谈助》上的记载,明吏部尚书屠濆面临着河修建了并列的两所房屋,隔岸筑了一个台,竖旗门,款为"在城第一"。后来,一所房子被火烧了,一所就归于兵部尚书屠粹忠。现存的房子说是屠濆故居,位于现在的尚书街51号。

屠滽墓道石刻

屠滽墓道文臣像

屠滽，字朝宗，号丹山，明成化二年（1466）进士，历任监察御史、右金都御史、右都御史、左都御史。弘治初，灾异迭起，数次上疏陈述时弊，得采纳。十年加太子太保，次年擢吏部尚书，进太子太傅，继加柱国。立朝持论公允，推贤让能，自谓手执此笔，掌铨衡、刑狱，最怕误黜、错杀。凡遇送礼求情者，反放至远地。后被劾致仕。正德元年（1506），武宗登位，起复为太子太傅、吏部尚书兼左都御史掌院事。时刘瑾专权，欲治谏官罪，他以与御史无关而独揽，又抵拒刘瑾欲织冤狱，设法保护前兵部尚书刘大夏。致仕归里卒，谥襄惠。他的墓在集士港山下庄村，现在还有留有一些石翁仲。著有《丹山集》，后其孙编有《屠襄惠公遗集》。

他的父亲屠瑜，字廷美，号松窗。是一个极喜欢山水园林的人，喜欢打理自己的住宅。造园需要好看的石头，所谓"瘦、漏、透、丑"，有一天他突然做了一个梦，梦里一个老神仙说，我送你这些石头。梦醒后觉得非常奇怪，过了一段时间在房子的隔壁买了一块空地，在凿沙的时候，挖出许多石头，又瑰奇又可爱。他的梦被印证了，于是把这些石头堆成假山，命名为天赐岩。

屠滽是个性情极好的人，有一次穿了一件白绫做的衣服，一个办事官

《竹园寿集图》（局部）

捧着砚不小心把墨汁倒在他衣服上了，吓了一跳，立马跪下请罪，他却笑着说：去去，我还嫌这衣服太白了呢，这有啥罪？可见是一个非常慈善的官。明人的笔记里有许多关于屠滽的故事。

故宫博物院现还收藏着一幅《竹园寿集图》，图中即有屠滽，因为屠滽、户部尚书周经、都察院御史侣钟，同生于明正统庚申（1440），到弘治己未（1499），三人刚好都是六十岁。这一天，在周经的私第后花园，来了户部尚书祥符王继、左都御史乌程闵珪、吏部左侍郎长洲吴宽、吏部右侍郎舒城秦悦、户部左侍郎灵宝许进、户部右侍郎睢州李孟旸、左副都御史临淮顾佐，一共七个人，一起为三位长者祝寿。吴宽第一次写了四韵诗，其他人唱和一番，秦悦别集古句，诸公又和了一番，周经自己也写了诗，大家又一起和了几首。可见无论主还是宾，诗兴颇兴。当时在场的还有两位锦衣卫，吕纪和吕文英，是屠滽的同乡，都是画家，按周经的意思把这次寿集画一画。画是这样的，在湖石前并坐的，左为侣钟，右为许进，前面一个童子拍手引导仙鹤起舞。周经稍坐远一些，两个儿子在他的面前，长为太学生周孟，捧着酒杯，第二个为刑部主事周曾，正拱立听命。并行竹间的，左为李孟旸，右为顾佐，都是在思考的样子。屠滽则在竹下写诗，边上一个童子捧着砚台。靠着石案题卷的是吴宽，坐在一起的，持篓（扇子）的是王继，拿着麈尾的是闵珪，独自握卷的为秦悦，左为吕纪，右为吕文英，展开画卷一起看。卷名"竹园寿集"为吴宽所题，而且写了序。完成后，又画了几卷，每人一卷收藏在家里。

《四明谈助》的作者徐兆昺先生，曾经亲见过这幅图，他是这样说的："《竹园寿集图》原本日久脱尽，不可重裱。屠氏倩范君周一临摹一本。嘉庆丙子（1816）十月间，赴凫园二篷之约，曾于席上一见。其记中所载诸人，有无可临者阙之，慎其事也。图后增裔孙雁湖（可堂）、武进钱竹初（维乔）、嘉定钱竹汀（大昕）、铅山蒋心余（士铨）、仁和叶登（南藩）诸公题咏。"屠凫园，名继序，是黄定文、徐兆昺他们组织的"息辅诗会"中的诗友。所以徐兆昺有幸见过，但是这个版本的《竹园寿集图》去向哪里已经不得知了。我们现在能见到的是故宫收藏的版本。屠潴故居在1992年9月被公布为宁波市第一批市级文物保护点。

屠粹忠，字纯甫，号芝岩。小时候在董家读书，墙壁上写着"戊子、戊戌"四个字。果然他在壁上写的年头中了会试。或是巧合，却成了乡里饭后茶余的谈资。康熙四十一年（1702），升为兵部右侍郎，过了一年，又升为兵部尚书。康熙皇帝见他老而矍铄，写了"修龄堂"匾赐给他，又赐了一幅赵孟頫的行书。诗云："白鹿城头百万兵，碧油幢下一书生。如今如识为儒贵，卧听元戎报五更。"可见康熙皇帝之厚爱。

（七）万氏别第

万氏，是宁波极有名的一个家族，明初的时候，从滁州迁来。住过宁波鉴桥东、新街、广济桥西、管村白云庄。位于尚书街的万氏别第是"万氏八龙"之一万斯年的儿子万言的住处。

万言，字贞一，又字管村。是万泰的嫡长孙。他的父亲万斯年，参加抗清的画江之战，晚年喜好老庄之学，大概也是回避现实的一种方式。万言从小就古文很好，跟随叔父们在讲社中学习，梨洲先生黄宗羲极其赞赏他的古文。文章"兼有剡源、震川两家之妙"，谓后起作者"唯言与慈溪郑

万氏别第

万斯同

梁二人"。他的叔叔万斯同常说,如果我有你这样的文笔,达到班、马的境界也不是特别难的。万言也参与修明史,并且独自完成《崇祯长编》一书。并兼修《盛京通志》《大清一统志》。

杨嗣昌的孙辈写信希望他祖上的传记入死事之列,他拒绝了。因此得罪权贵,出任五河县知县,修塘筑堰,办学兴教,吏治清明。不过又有人陷害他,以罪论死。他的儿子万承勋借了许多钱,才赎了他一条老命。其子因此有着"万孝子"之美称。

万承勋,字开远,号西郭。以古文称著,参与编修《明史》,世称管村先生。出生书香门第,又是黄宗羲的外孙女婿。关于他营救父亲的事是这样的,当时陕西开先例,可以赎死刑犯。万承勋狂走数千里,向父亲的朋友借了三千两,但是到了陕西,钱又被恶胥吞没,未曾上报去。当时他当接到他父亲回宁波,但陕西来问浙江,为什么赎金还没到位,要追捕未上缴的钱。这样一来,万承勋便束手无策,这个时候,幸得一位叫陈卜年的朋友帮助。陈卜年说:"达道有五,而君臣、父子居其二。今管村有君臣之厄,承勋有父子之厄,徒以无朋友,使大伦且俱灭,吾当偕之行。"但是陈卜年也没什么钱,但他和万承勋一起再告急于万言的老朋友,重新募到

万言

三千两,完成事情而回来。大理卿陈汝咸,平生不认识陈卜年,从他堂弟那儿听到了这个事,感慨说,现在也有这样的人吗?于是找到陈卜年,送了一些钱给他,并请他来他做官的地方漳浦。陈卜年在漳浦看见许多黄道周(石斋)的遗书,非常高兴,学习王佐之学。不过没过多时,因为生病去世。而当时万承勋与陈卜年去陕西、上京城时候,两家的妻子与孩子就是陈汝登来照顾的。可见在旧时,也有许多侠义之事,值得后人赞赏。

万承勋年过五十,非常困顿,雍正五年(1727),朝廷选拔贤良方正。地方上推荐万承勋,他的老友郑义门说不要去,但是推辞不得,只好上京,见过皇帝后,出任直隶磁州的官员,在任上三年,政绩突出,再次入觐皇帝,天子打算重用,但这次万承勋推辞了,于是回到家乡。回家之后悲催的事又来了,因为父亲的事情欠下的债务,朋友们纷纷来追讨,但他一个穷当官的,本身没有什么钱财,于是大家都只能叹气。因为他的儿子死了,孙子也死了,妻子黄宜人也死了,一个人灰心丧气,没多少时间,他也去世了。死的时候,他的《管村文集》尚未刻好。

万承勋的诗作也非常有名,查慎行赠诗称其"翻澜涕泪随声出,彻骨冰霜炼句来"。为人笃于内行,与人交往,绝去城府。曾经自谓生平时文

万氏别第四合院

不如古文,古文不如诗,诗不如人。著有《冰雪集》。

有一首《携酒登候涛山》抄录如下,候涛山即为镇海招宝山。

万生虽无三百青铜钱,沽酒与君直上青山巅。
青山上下何所有,红日一轮海水走。
中有累累陈死人,笑谓人生意气何须真。
君不见,来地脚踏草头露,去时一片烟光暮。
又不见,雷轰万马朝潮来,瞬息力尽奔复回。
此山在昔平倭日,冈峦云拥旌旗密。
白鹿献赋藏良弓,髑髅夜泣青魂空。
尚有楼台耸天外,百年遗像甘棠在。
一番劫火余空盎,游人寂寞来飞禽。
试问君何人,得酒更何说,直待青山崩,红日堕,海水俱不流,掌上之杯乃可歇。

现在的万氏别第据说即是万承勋所建,今址为尚书街53号,是一个四合院。主体建筑坐北朝南，正屋为重檐硬山式，具有江南地区传统民居特色。其正屋用竹篾泥壁分割墙，系清早期建筑手法。1989年万氏第二十世孙、香港知名人士万春光先生敬献"翰林""勉力堂"两匾额，分别悬于大门、正房明间。1999年9月，被公布为宁波市第二批市级文物保护点。先前一位万慎煦先生即是万氏的后人，他居住在这里，常常参与一些纪念万氏祖先的活动。

（八）屠园巷与屠隆

屠隆，字长卿，号赤水。晚明时代宁波鄞县人，现在城区（海曙区）里有一条屠园巷，即是他居住过的地方。但每每路过，我还是会驻足片刻。明末张岱的《陶庵梦忆》里说："屠赤水娑罗馆亦仅存娑罗而已。所称'雪浪'等石，在某氏园久矣。"今天除了一个巷子的名字外，没有任何赤水先生的遗迹了。屠隆的园子，叫作凫园。园成之日，有一个老头送了他两只野鸭子。野鸭无拘无束，大概是他最向往的。所以命名成凫园。据他的文章说，凫园是他住宅西边的空隙地上经营的，如"手掌大"，"旁邻筑垣，垣下凿小池，窄而长，才一发。下植荷、茭、菱、芦，上植芙蓉、木兰、红蓼、紫葵。凉风时至，秋色飒然。"（屠隆《栖真馆集》）想来手掌大的地，经营成这样非常不容易，所以屠赤水自己发酸了一下说，"葫芦虽小，大地山河咸在焉"，园内还有"飞仙楼""栖真馆"。后来从阿育王寺舍利殿前得娑罗树一株，种在栖真馆书房前，所以又把"栖真馆"改名为"娑罗馆"。

屠隆曾经向沈明臣学诗，下笔上千字，立马可以写好，可见才思敏捷。族人屠大山、同乡张时彻都在朝中做官，这两个人都赞誉屠隆的才能，使得屠隆的名气更大了。万历五年（1577）中了进士，出任颍上知县，又调青浦县。在任上，招当地名人饮酒赋诗，游玩九峰、三泖，日子过得像神仙一样，但是在工作上一点不荒废，而且政绩突出，老百姓非常爱戴他。这样一来，他升任了礼部主事。

在朝中，他和西宁侯宋世恩交情很好，当他兄弟一样。而刑部主事俞显卿很阴险，不知啥时候和屠隆结怨，突然向皇帝告了一状，无中生有说

屠隆

屠隆和宋世恩"淫纵",屠隆上疏为自己申辩,只是管这号事的人,两面不愿得罪,于是同时罢黜了两人。而西宁侯停了半年工资。屠隆于是卷铺盖回家,路过青浦,他曾经做官的地方,当地的父老乡亲聚敛了上千亩田给他,说,您还是搬到我们这边来住吧。屠隆没答应,和他们聚了几天就回到了家。

  回来后,就更加无官一身轻了,纵情诗酒,又喜欢结交朋友,这样开销又大,又没有了官俸收入,他只好卖文为生。但他有才华,一挥笔就可以写好多。据说他还可以一心两用,叫两个人为他出两道题,一会儿两题的文章都写好了。一边和人下棋,一边口诵诗文,让一个人写,写的人还没有他作得快。

  史书上评价这个人,说是"天纵异才",在晚明的戏曲舞台上,他编、导、演全能,风头都盖过汤显祖。晚明很多小品文的选本中,屠隆的作品总会与徐文长、袁宏道的作品放在一起。根据许多专家的研究,屠隆还可能是奇书《金瓶梅》的作者。他的博物学著作《考槃馀事》,比文震亨(苏州人)的《长物志》、高濂(杭州人)的《遵生八笺》还要早一些,而且对这两部作品产生过千丝万缕的影响。这部博物学著作,记载了45种文房用

屠园巷

具,是文人对精致生活的一种追求。

1. 三本戏曲

他写了三本戏,分别叫作《昙花记》《修文记》《彩毫记》,总名《凤仪阁乐府》。

《昙花记》约写成于万历二十六年(1598),55出。此剧讲唐代定兴王木清泰郊游,遇仙佛指点,弃家访道,决定以"僧伽换却乌纱帽",十年中清心寡欲,历经各种考验,遍游地狱、天堂、蓬莱和极乐世界。木氏妻妾也冰清玉洁,诚心修炼持佛。

《修文记》讲述蒙曜与其妻韩神姬,子玉枢、玉璇一家行善,后蒙曜女湘灵成仙,册为玉帝修文仙史,在她劝导下,一家潜心修道,共占仙班事。《修文记》与《昙花记》两部传奇,正如屠隆自己所说,"广谭三教,极陈因果,专为劝化世人"。其中指奸斥佞,也是为了阐发佛理,"狠下轮回种子"。名为传奇,实为法曲。有点说教的意味。"其中唾骂奸雄,直以消其块垒",表现了作者对现实黑暗的嬉笑怒骂和玩世不恭。

《彩毫记》讲述李白由夫妻隐逸、扬州散金,到供奉翰林、遭谗引退,最后远谪夜郎又钦取回朝的故事。相比较其他写李白的戏曲作品,这个戏的特点是写了李白的家庭生活,将其妻儿都搬演到了动乱的年代中与李白共同遭受悲欢离合的经历。作者拈出"彩毫"为题,突出李白的绝世才华与夫妻共同的慕仙品格,并最终让其合家团圆,无疑也深刻地映射出明代文人的生活理想。

屠隆的传奇戏曲虽声称"针线连络,血脉贯通","不用隐僻学问,艰深字眼"(《昙花记凡例》),其实,则是关目芜杂,结构散漫,文词典雅华丽,所以有人批评说"其(《彩毫记》)词涂金缋碧,求一真语、隽语、快语、本色语,终卷不可得也"(徐麟《长生殿序》),《昙花记》是"学问堆垛"(祁彪佳《曲品》)。这说明屠隆的传奇继承了骈俪派的风格。不过在体例上有创造,有时,整出戏无一曲,尽用宾白演出(有点话剧的雏形)。《凤仪阁乐府》在屠隆生前曾大行于世,但流传后代者,只有一二散出而已。据说现今昆曲舞台上的《太白醉写》即有屠隆《彩毫记》的影响。

2. 屠隆说盆玩与瓶花

在园艺学上,屠隆首先提出了"盆景"这个词。《考槃馀事·卷三·盆玩笺》就写道:"盆景,以几案可置者为佳,其次则列之庭榭中物也。"清人刘銮的《五石瓠》里这样写道:"今人以盆盎间树石为玩,长者屈而短之,大者削而约之,或肤寸而结果实,或咫尺而蓄虫鱼,概称盆景。"可见,屠隆定名的"盆景"一词,远远要早于刘銮。而盆景在更早则叫作"些子景"。在屠隆的述说中,我们还知道他最推崇天目松、闽中石梅、水竹三种植物做盆景,梅、松、竹号称"岁寒三友",它们是历代文人歌咏的对象,它们不畏严寒,清高幽远,"最古雅者,如天目之松,高可盈尺,共大如臂,针毛短簇,结为马远之'欹斜诘曲'、郭熙之'露顶攫拏'、刘松年之'偃亚层叠'、盛子昭之'拖拽轩翥'等状,栽以佳器,槎枒可观"。他提到了四位画家,马远、郭熙、刘松年、盛子昭,他们都是善画山水的画家,屠隆要求实物要修剪成画里面的一样。画本身是法于自然,但又升华为艺术境界,屠隆要求盆景也要营造出诗情画意。除此之外,还举了枸杞、虎茨、蒲草,"春之芳兰,夏之夜合、黄香萱,秋之黄蜜、矮菊,冬之短叶水仙、美人蕉"。再要求搭配上奇石、古雅的盆子。最后,对着这些盆景,"啜天池茗,吟本色诗,大快人间

河姆渡出土十五叶纹陶块

障眼"。

  在宁波,我们还可以追寻到七千年前的河姆渡盆景。在河姆渡遗址出土过两件刻纹陶块,一块是砖形陶块(残),残高 15 厘米,残宽 9 厘米,厚 4 厘米,两面均饰对称的叶纹和联珠纹图案,一侧饰芽叶纹图案,另外一块是马鞍形扁方陶块,高 19.5 厘米,残宽 18 厘米,厚 5.7 厘米,一方形框上刻五叶纹图案,一叶居中直立向上,四叶分于两侧,互为对称。五叶粗壮有力,生意盎然。它们均出自河姆渡遗址四个文化期中保存最好、最丰富的第一期文化,即陶块年代可追溯到 7000 年前。据相关专家研究,下了这样的结论:"这件不可多得的艺术品,不但以流畅的曲线美表现河姆渡原始艺术的风格,而且也以特殊的构图证明,六七千年前已经出现盆景艺术,并且可能已形成一种社会风尚。"我们无需再去翻阅古籍里的只言片字,这个刻纹是最好的证明,河姆渡还出土了许多土钵与罐,很多与现在的花盆极其相似,虽然没有人告诉你,这些东西曾经是用来干吗的,但可以说用来种养盆栽也是很合理的猜想。

  在《考槃馀事》里还提到瓶花,瓶花即是现在所说的插花艺术。"堂供须高瓶大枝,方快人意。若山斋充玩,瓶宜短小,花宜瘦巧。最忌繁杂

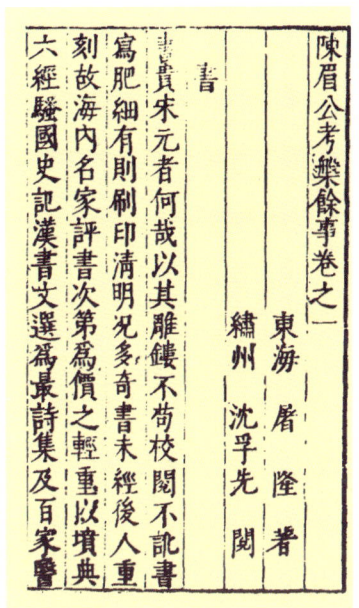

《考槃馀事》书影

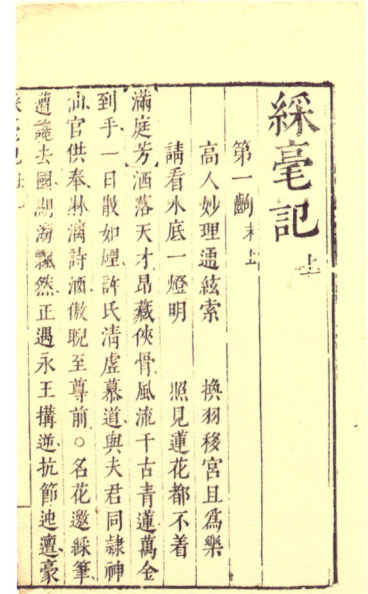

《彩毫记》书影

如缚,又忌花瘦于瓶,须各具意态,得画家写生折枝之妙,方有天趣。瓶忌有环,忌成对,忌小口、瓮肚、瘦足。药坛忌用葫芦瓶,忌妆彩雕花架,忌香烟煤熏触,忌油手拈弄,忌猫鼠伤残。忌井水贮瓶,味咸不宜于花,夜则须见天日。忌以插花之水入口,惟梅花、秋海棠二种,其毒尤甚,须防之。"屠隆讲述了瓶与花的搭配、宜忌。对于瓶花的要求,也是要像画家写生一样,才好看。

我们看《长物志》里写盆玩与瓶花,内容和屠隆所写几乎差不了多少字,《长物志》成书于天启元年(1621),屠隆则于万历三十三年(1605)已过世,可见是文震亨摘抄了屠隆的内容。虽然,在盆玩里,文震亨对屠隆说的放在几案间为第一,放在庭榭中次之持反对的意见,高濂则写了"姑置勿论",似乎也不同意屠隆看法。但他们所写的无可厚非地受了屠长卿的影响。袁宏道专门著有《瓶史》一书,也在屠隆之后,把《瓶花》内容充分发挥。袁宏道的《瓶史》被日本称为花道之"圣经",誉之为"宏道流"。当然《考槃馀事》一书,在日本也是广为流传,而且研究者非常多。同是屠家的屠本畯也著有《燕闲汇纂》《盆玩》《茗笈》。虽然没有看到这些书,但是肯定也是关于休闲、茶道、插花、养花等雅致生活一类的。

3. 屠隆的清言小品

清言,是小品中的小品,又叫格言小品。其用语极简,而道理非常深刻,有语录式的《论语》《老子》,它的内容可以包罗万象,它的形式,即像现在的"微博",字数很少,只言片语,但区别于"口水式"的文字,清言多半是灵悟之作。晚明人就喜欢写"微博"。感悟人生,闲适生活。《娑罗馆清言》即是屠隆的清言作品集子。

《娑罗馆清言》,近二百条,这些清言小品,是屠才子一生感悟的五味瓶,酸甜苦辣都有,屠隆小时候就很有天分,据说,他写起文章来,"饮中下笔,杯影尚摇,歌声初转,一挥已满,四座尽倾",《三国演义》中说关云长温酒斩华雄,屠才子行文之快,酒倒下去,影子还在摇动,文章已经写出来了。像这样一个才子,会编戏、会导演、会演戏,他的《彩毫记》,写大诗人李白,成为当时最热门的戏,但因为在一次娱乐活动中,被人告密说是"纵淫",被罢官,晚年贫病交加,有时候连下锅的米都没有。这样的人生经历,让屠隆感受到世态炎凉,厌恶官场的反复无常,于是渐渐在佛教中寻找精神的麻药。《娑罗馆清言》就有许多这类想法的透露。"三九大老,紫绶貂冠,得意哉,黄粱公案;二八佳人,翠眉蝉鬓,销魂也,白骨生涯。"说三公九卿,德高望重,只不过转瞬即逝。"大臣赫赫,甫丘墓便已荒;文士沾沾,问姓名多云不识。名利至此,使人心灰"。"子房虎啸,安期生豹隐于海滨,药师龙骧,魏先生蠖屈于岩穴。繄岂异才,实命不同"。张良、李靖,他们都遇上明主,能施胸中抱负,安期生、魏先生却没有这种境遇,不是因为他们的才华有高低,而是命。

关于钱财,他这样想:"若想钱而钱来,何故不想;若愁米而米至,人固当愁"。

关于诗酒,他这样说:"诗堪适性,笑子美之苦吟;酒可怡情,嫌渊明之酷嗜。若诗而嫉妒争名,岂云适性?酒而猖狂骂座,安取怡情。"

关于欲望,他又这样说:"英雄降服劲敌,未必能降一心;大将调御诸军,未必能调六气。"

关于丧葬,他这样说,"棺则朽于木,裸则朽于土,土木何劳分别?沉则化于水,焚则化于火,水火安用商量?"

关于身后名,他这样想:"灵心巧思,鲁班以木匠千秋;救主存孤,李善以僮奴百世。"

屠隆的清言小品对晚明及清代人的清言创作都非常有影响。周作人

屠隆作扇面

在文章里写道:"明胡应明遂作《菜根谭》,以骈语述格言,《醉古堂剑扫》与《娑罗馆清言》亦均如此,可见此体之流行一时。"

4. 说藏书

宁波号称"书藏古今",从"藏书之富,南楼北史"(全祖望《湖语》)的宋代开始,明代的丰氏万卷楼、范氏天一阁,清代的双韭山房、烟屿楼,民国的别宥斋、伏跗室,历代都出现了非常有名的藏书楼和藏书家,或许是受浙东学派"经世致用"理念的影响,他们的藏书,都是以学者型的"用"为主的藏书,比如大学者黄宗羲主张"藏书者,谓当以书明心,不可玩物丧志",全祖望就鄙视那种"仅以夸博物,示多藏",对那些秘不示人,以此当作财产,垄断知识的人没有好感。"夫藏书必期于读书。然所谓读书者,将仅充渔猎之资耶?抑将以穿穴而自得耶?夫诚研精得所依归,而后不负读书。"徐时栋则说:"置书以宜读之为务,奇僻之书无所宝也。故吾家所有书,大约皆布帛菽粟",藏以致用,这个想法一脉相承。这样一来,很可惜的是,他们侧重于书的内容,却很少有人去总结藏书、鉴赏书籍、把玩书籍这一块。当我翻到晚明时代宁波人屠隆的《考槃馀事》时,便想,其实宁波人除了实用藏书的理念外,也是非常重视品玩鉴赏藏书的。

屠隆印

　　屠隆的《考槃馀事·卷一·书笺》分"论书、刻地、印书、书直、雠对、藏书、观书"七节，论书一节以宋版书为例，讲了为什么人们会以此为贵重。第一是因为刻工好，第二是校对仔细，没有错处，第三是字体漂亮，第四是印刷干净，第五是数量少，后人重刻的少。举例了像六经、《骚》《国》《史记》《汉书》《文选》这些宋版书的精品。而且宋版书纸坚刻软，字好像人写上去的一样。用墨稀薄，但没有湮迹。读书的时候，有一种书香味。屠隆曾经还和宋版《汉书》擦肩而过，"今归吴中，不可得矣"，表示非常的遗憾，那《汉书》用"澄心堂纸"作副页，澄心堂是南唐后主李煜的书房，取名于"学者必澄心清意"之句，李后主在治国上虽然没有啥才能，但在书法、绘画、诗词上都有很高的造诣。因为皇帝精于鉴赏，所以出现了许多制作精良的文具，澄心堂纸即是非常有代表性的一种。在南唐亡国六十年后，北宋的士大夫们，仍津津乐道于澄心堂纸。屠隆还记录了伪造古籍的事。"近日作假宋版书者，种种若旧初，非今书仿佛，或今人先声，指为故家某姓所遗，百计瞽惑，售者莫可窥测，多混名家，收藏者当具法眼辨正"。可想而知，晚明时代，对宋版书开始造假，而且谎称是谁谁谁留下来的，令购书的人晕头转向，屠隆提醒收藏者要擦亮眼睛。

"刻地"与"印书",屠隆比较推崇吴、越、闽三地的刻工,虽然其他地方也都有刻,但以这三地最好。或许与晚明时代江南经济发达有关。印书的纸,他把"永丰绵纸、常山柬纸、顺昌书纸、福建竹纸"从优到劣,依次排列。绵纸是一种用树木的韧皮纤维制成的纸。纤维细长如绵,所以叫作绵纸,它的特点为"白且坚"。柬纸一般以桑皮为原料。特点是"润且厚",顺昌纸的话,虽然没有绵的坚硬,没有柬纸的厚实,但价格便宜。还有一种"短窄黧脆"的闽中纸,纸质最差,价格最便宜。但屠隆所用的十之八九都是它。他感慨"若稍有力者弗屑也"。虽然一笔带去,但我们可以想见屠隆晚年的生活窘境。理想化的书写纸是白且坚的,但现实中却用着品相差又脆的纸。

"书直"和"雠对"两小节里,屠隆谈怎么样定位书的价值,他从版本、刻工、纸张、装帧、印刷、需要程度、数量多少七样要求来定价,版本看抄本还是刻本,抄本看有没有错误,刻本看刻得精细还是粗糙,对纸的选择要求漂亮,装帧看工艺,印刷看每一页的墨色是不是一样,需要程度,则看该书对比同时代的书,而且考虑自己用不用,数量多少,看新旧年代。从这七个方面来衡量价值。对于"雠对",屠隆非常重视,藏书者精于雠对,所以往往有善本。所以他反对以一种版本为正,为其他的藏本渐消亡而叹息。有多个版本才可以相互对比,不是定了一下本,把其他的本都毁掉。

最后讲"藏书"与"观书",藏书是日常生活中对书的打理,藏书要在还没有入梅雨期间,就要晒燥,放入柜中。还要求用纸糊密封柜子,不要让它通风,不要让水汽进入。密封的柜子里要防蛀,他举了"芸香、麝香、樟脑"。最后是看书,"勿卷脑,勿折角,勿以爪侵字,勿以唾揭幅,勿以作枕,勿以夹纸,随损随修,随开随掩,则无伤残。"这三十六个字出自赵子昂的书跋,这是每一个爱书之人的爱书条约。宁波晚清藏书家徐时栋还有一方分书五行兰文竹简式大方印,其印文云:"烟屿楼藏书约:勿卷脑、勿折角、勿唾揭、勿爪伤、勿夹别纸、勿作枕头、勿巧式装潢、勿率意涂抹、勿出示俗人、勿久借他人。"除了六"勿"外,还加了四"勿"。最后还提到了借书与人的关系。相信爱书的人都于心有戚戚焉。

（九）掌园主人屠本畯

掌园在屠园东边，屠园的位置约摸就是现在的屠园巷，中有霞爽阁。掌园纵横有三十六亩，可见一"掌"之地，也有芥子园纳须弥于芥子之意。在清代的时候，这个园已经败落了，当时有人写诗感慨"二十年前卿相家，于今败落似烟霞。若思再作卿和相，除是下科榜内查"。

掌园的主人叫屠本畯，字田叔，又字幽叟，号汉陂。从小聪明异于常人，以任子授刑部检校。任子是因父兄的功绩得保任授予官职的人。历迁太常典簿，拜辰州太守。在辰州做官期间，有明文禁止杀牛。有一个姓唐的书生拿着一份书面报告说，家里没钱，养了一头牛，不幸猝死，请老爷准许吃这头死牛糊口。屠本畯知道这个书生撒谎，并没有揭穿他，而是用自己的俸禄买下这头牛埋葬它。但牛牵来的时候，并没有死，他就命小吏养起来，一直等到他任期满时，辰州的父老乡亲送他上路，那头牛跟在后面送他，他就嘱托小吏养这头牛终其年。当时有人画了一幅画叫作"辰阳留犊图"，被传为佳话。

屠本畯罢官归家后，在家中闲居了20余年，生活比较清贫，虽然物质生活不丰富，但精神生活却依然很丰富，他与全天叙、周应宾等10人倡为林泉雅会，被推为社长，他还与沈鸿泰、陆宝等人结为"十老会"，晚明甬人称本地的风流儒雅，必推屠本畯为首。诚如顾国瑞先生所指出的："屠本畯出身世家，生当风气侈靡、个性开放的明末，其为宦、里居，皆脱略绳检，唯求娱心适意。"

而且性格豪爽，朋友众多，家里客人不断，客至必出鱼韭相款待。他自己虽然饮不过数勺，但每向客人劝酒，必尽欢而罢。他特爱开玩笑，有他在场，一座尽倾。八十几岁时在酒席上还能放声高歌，声音洪亮，足见其倜傥风流。自己还没死的时候，就给自己写好了墓表，在表中以"憨先生"自称，很逗人，很旷达。

屠本畯十分爱好读书，到老手不释卷。人家常说，先生这么大年纪了，还这么辛苦读书干吗。他却常常说："吾于书，饥以当食，渴以当饮，欠伸

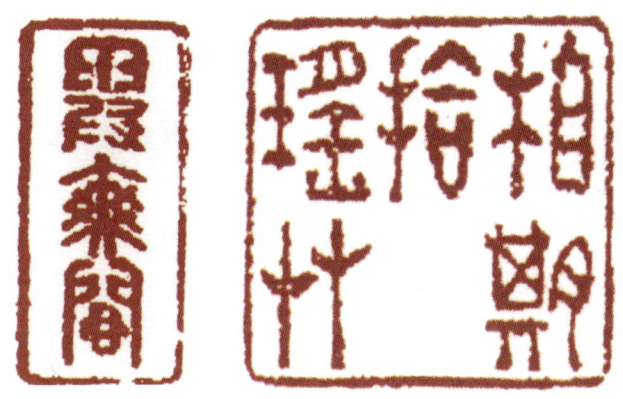

屠本畯印("霞爽阁""相期拾瑶草")

以当枕席,愁寂以当鼓吹,未尝苦也。"学而不厌。

屠本畯晚年有一篇《霞爽阁藏书放言》,在尚雅中表现出一种"还俗"。

> 是书籍也者,空谷时当足音,暗室时当严师,烦恼时当清凉,疾疢时当针砭,饥寒时当温饱,岑寂时当鼓吹,奇肆时当珍玩,穷通时当蓍龟。对之躁急煎中可解也,对之怨望在怀可释也,对之心怯胆寒可壮也;对之神昏目眊可明也,对之耳目荆棘不生也,对之炎凉荣辱不践也,对之魑魅魍魉不近也,对之趋跄攫攘不为也。他日吾子孙能读不能读,能谈不能谈,能晒不能晒,能毁不能毁,能卖不能卖,憨先生焉能知?

屠本畯认为,书之为物,任我所为,从不显示其态度,更不教诲人,具备无尚包容的雅量,而且我辈"对之"还有消除人生弱点的种种妙用。我之好书,只因书任我之用,我既可以读它,也可以枕它,作者,既不认为读书可以导之以智慧,同时也不认为读书无益。我对待书的态度,取决于我当下的心理、生理上的需要,既可以亲近它,也可以作践它,既可以无限雅

闽中海错疏

化，也可以无限俗化。如此，在传统书生眼中能涵养精神的、比较神圣的书籍（包括承载圣人思想的经书典籍、被视为"经国之大业"的文章），其意义统统都被消解，唯剩有适于当下的实用功能。至于将来子孙如何对待他的藏书，他就不问了。既爱物，又不为物所役，潇洒豁达。

在明代中叶后，商品经济发展，资本主义萌芽产生，一些读书人深入实际考察研究，在科学技术方面取得了很大成就，屠本畯就是其中之佼佼者。他著有《闽中海错疏》《海味索引》《野菜笺》《〈考工记〉图解》《〈离骚〉草木疏补》《闽中荔枝通谱》等书，这些书内容涉及植物、动物、园艺。《闽中海错疏》是他在福建时应太常少卿余寅之请撰写的。成书于明万历二十四年（1596），主要记载了福建沿海一带的海产动物200余种，是中国较早的海洋动物志。他观察仔细，描述准确，而且把性状相近的种类放在一起。在大类中再分小类，这种分类方法在一定程度上揭示了海洋生物的自然类群，反映了它们之间的亲缘关系。可见在16世纪，中国的生物学家在自然分类方向上已经卓有成就。而在当时的欧洲，是按拉丁字母顺序排列或按药用的性质和用途来分类的。

在书中还反映了许多明代淡水养鱼的情况，如记载食肉性的鳢鱼（即乌鳢)时说:"凡鳢一尾,入人家池塘,食小鱼殆尽,人每恶而逐之。"指出在池塘放养鱼前必须清除池塘中的鳢鱼,书中还介绍了福建地区饲养草鱼和鲢鱼的方法:农历二月从鱼苗养起,先到小池,稍长后移另外一个池塘,到一尺左右再移到广池,用青草喂养,九月起水。随着鱼的成长而更换鱼池,当年即可从鱼苗养成大鱼,这些经验对现在的养鱼人仍然有参考价值。

他的《野菜笺》,记载了许多宁波的野生植物,而且文章用小品文形式写,非常生动,说百合"似莲有根如蒜",说"甬芋青青田芋软,田家借作凶年饭",可见不光从野菜角度写这本书,而且从悲悯百姓的心肠出发,因为野菜多半是饥荒年老百姓用来充饥的,又说"四明有菜名雪里蕻,头昔蓄珍莫比雪深,诸菜冻欲死,此菜青青蕻尤美"。可见宁波人爱吃雪菜在明代时就有行文出处。这个宁波明代的生物学家,研究的人非常少,希望有更多的人来关注他。

他的藏书楼霞爽阁修成的时候,他写了一封信给友人:

> 乃今筑一小阁,将与摩诘翻贝叶书,饭斯陀含辈于其中,青山入檐,烟霞莽互,兰菭梧竹,葱蒨窗前,匪但隐几,聊以避俗。使者至过,辱手教,兼之珍赠,仆拜之,敢忘盍簪耶?今惠风穆如,万物欣欣,黄鱼紫蟹,次第登场,鲜网作歌,大鯆来归,布帆五色,飘扬陆离于鸿沟中,腥风习习近人,越人计岁,莫此为乐。恨不得足下来,据案饱餐,浮白相劳也。乌笋作羹,时俗竞尚,而使者远过,每饭不饱,仆愧多矣。(《与王百谷》)

一方面他躲进小楼成小统,与佛者共处,玩味窗前风景,大隐隐于世,拥有超拔于尘劳之外的优游生活,带来的自然是精神上的放松与愉悦。在传统文化观念中,这种不讲究实用价值的消闲和享受不失为大雅,而亲近这种"无用的装点"也是彼此确认自己的所属群体的符号。另一方面他又竭力向友人夸耀本地海错之多,津津于口腹之美的享受。雅俗共赏,既不孤独,又不庸俗。难得至极。

桂芳巷

屠本畯在陈继儒的《读书十六观》问世之后,作《演读书十六观》,既是续补陈继儒的收录读书史上的美谈趣闻,同时又辑录一些读书名言如:"过名山如读异书,倦则数行,健则千里";"观天下书未遍,不得妄下雌黄";"独学无友,则孤陋寡闻";"每读书得一事,则书一封皮,后批门类,授史传录"等等。

(十)桂芳第

桂芳第在桂芳巷,位于现大桥街。现在依然还有一个桂花厅,用材粗壮,一看就是明代风格。桂芳第居住的家族号称介石园倪氏。倪氏从宋代开始已经居住在鄞县,但是很少有显达的人。到了明末的时候,所谓乱世出英雄,倪家出了两位英雄,一个叫倪懋喜,字仲晦,官至建宁佥事;一个叫倪元楷,字端卿,官至大理评事。

清顺治乙酉年(1645),清兵南下,浙东内附。定海有一个总兵叫王之仁,虽然缴了印,但还握着实权,在位子上。正好,鄞县人拥钱肃乐起兵反清。这时候,已经投降的谢三宾就非常痛恨这些起事的人,叫人送了千金重礼给王之仁,让他带兵来弄死这些闹事的人。钱肃乐打算写封书信给王之仁,但想来想去,不知道让谁去送。正当愁眉难解之时,倪懋喜说他可以去送。他刚刚到定海的时候,听到定海人在议论这样一件事,说有个陈秀才骂王之仁投降,被王杀掉了,可见王之仁的心狠手辣。当倪懋喜去见王之仁的同时,谢三宾也派人来找王之仁。过了不多时,王之仁召见了倪懋喜,说,你这次来,真是很大胆。倪懋喜不慌不忙地说,大将军世受国恩,天下人都看着您的一举一动,都希望您效忠于大明朝,现在东海是一个门户,乃兵家必争之地。大将军的责任非常重大。王之仁摆了摆手,只说了"好自为之,不要泄漏这件事"。然后又接见了谢三宾的使者,也用一样的礼节接待,最后说,十五日到鄞县,到时再一起商量。遣退谢三宾的使者后,王之仁送倪回鄞,说,跟钱公说一声,我会送他一份犒师的礼物。第二天,王之仁到了鄞县,胁迫谢三宾出兵饷万金给钱肃乐。钱肃乐以为是倪懋喜的功劳。

倪元楷和倪懋喜一起参加起义,失败后,回家不肯剃发,依然戴着幅巾,泰然自若。闭门不出,外人也不知道。有一次监司试士,夜半叫人,呼士人。倪元楷暗中去看了看,不巧碰上仇人看到他还没剃头发,于是检举到官府,这下惨了,论罪是要处死的。倪元楷立马被抓了起来,但他也不怕,坐在牢中,还高歌《木公不屈魔鬼》,声音很响,感觉整个监狱都震动了。这时,他的老母亲派人送酒给他喝,待他喝醉睡着的时候,把他的头发剃光。他醒来时发觉头发没有了,就想自尽,旁人以母命阻止他自杀。他痛苦万分地说:"吾竟不得与仲晦白首同归也。"仲晦即是倪懋喜。全祖望还专门写诗歌颂过这件事,"我饰巾,久将尽,以死殉,非所吝。呼好友,歌《木公》,请看白日贯长虹"。谢山先生总是善于捕捉这些生活细节来写一个人物。倪元楷工书法,善写诗,参加过"西皋六子之集"和"南湖九子之社",为人落落穆穆,不轻言笑,在遗民中个性最为孤冷。

(十一)张苍水故居

张煌言,字玄著,号苍水,他的故居现在中山公园内。故居附近的街则以"苍水"命名。故居的门额上有"近圣人居"四字砖雕,靠近孔庙的意思。

"近圣人居"砖雕

抗清的英雄中,张苍水是坚持最久的,以致他最后因出卖被杀,康熙皇帝说张煌言死了,明朝才算灭亡,他是大明王朝的句号。顾诚先生在《南明史》里对张煌言的评价是非常高的。我们摘录《南明史》里的一段话:"在南明历史上,最杰出的政治家有两位,一位是堵胤锡,另一位是张煌言。堵胤锡在永历朝廷中一直遭到何腾蛟、瞿式耜等人的排挤,无法展布他的雄才大略,终于赍志以殁;张煌言偏处浙江、福建海隅,得不到实力派郑成功的支持,空怀报国之志。历史上常说"何代无才",治世不能"借才于异代",就南明而言又何尝不是如此。在史书上,人们习惯于把史可法、何腾蛟、瞿式耜列为南明最堪称赞的政治家,其实,他们不过是二、三流的人物,就政治眼光和魄力而言根本不能同堵胤锡、张煌言相提并论。"

我们可以细数一下他的经历,虽然张苍水在《北征录》里说:"余自乙酉倡大义于甬东,距今己亥十有五载矣。其间栖山蹈海,艰苦备尝,俱无足论。"这或是他自谦的说法,他最看重的一次战争,就是和郑成功联兵一起攻打南京。这次战争收复了四府三州,二十四个县,虽然失败了,但打得清兵不敢以粗暴的方式对待江南。黄宗羲评论说:"文山之《指南录》,公之《北征记》,虽与日月争光可也。""文山镇江遁后,驰驱不过三载。公丙戌航海,甲辰就执,三度闽关,四入长江,两遭覆没,首尾十有九年。文山经营者,不过闽广一隅。公提孤军,虚喝中原而下之,是公之所处为益难矣。"黄宗羲拿文天祥与张苍水相提并论。

张苍水是明崇祯十五年(1642)中举人。如果不是明朝的灭亡,他走的就是中国古代读书人科考的路子,"学而优则仕","穷则独善其身,达则兼济天下","修身、齐家、治国、平天下"。但是彩云易散琉璃脆,清顺治二年(1645),清兵入浙,甬上董志宁等"六狂生"拥钱肃乐集众人于宁波府城隍庙举义抗清,他承钱肃乐命令往天台迎鲁王朱以海至绍兴监国,得到鲁王赏识,赐进士,授翰林院编修。唐王朱聿键立闽中,遣使至浙东,他乃自请充报使入闽,释两王嫌疑,以图联合抗清。回到绍兴后,以功任侍讲,兼兵科给事中。次年浙东兵溃,遂诀别父母妻子,从张名振扈鲁王入闽。1647年受命监翁洲(今舟山),随张名振军北上,入长江至崇明遇飓风覆舟,被执,乘间脱归翁洲。次年,结寨上虞平岗。1650年入卫翁洲,鲁王授兵部左侍郎。1651年清兵下翁洲,同张名振扈鲁王入闽,居中左所(厦门)。1652年张名振以他为监军,自闽航海,统兵进长江,战不利,还。1653年偕张名振向郑成功请兵北伐,郑给兵2万、供粮3月,再次入长江,抵瓜洲,战不利,乃还。1655年两次溯长江,抵京口(今镇江),战不利,移师克翁洲。未几,张名振卒,遗言以所部归他统领,至是始有兵3万,战船200余艘。次年翁洲重入清。顺治十六年(1659)偕郑成功统舟师入长江,破京口,他任监军以偏师抵瓜洲,克芜湖,传檄所至,沿江南北四府三州二十四县望风归附。会郑成功前锋兵败江宁(南京),全师溃,乘流出海。他见归路已断,遂焚舟登岸,历尽艰险,潜行二千余里返浙东,招集旧部。是年清廷抄没其家,妻、子均被押。1661年致书郑成功致力抗清,不取台湾。康熙元年(1662),清廷一再招降,他均严词拒绝。1664年,见复明无望,解散军队结茅避居悬岙。七月十七日被执,十九日经宁波押至杭州,劝降不屈,同年九月七日被害于杭州,鄞人万斯大、李邺嗣等葬于杭州南屏山麓,与岳飞、于谦同被誉为"西湖三杰"。先后抗清19年,作诗纪其行,激昂慷慨,沉郁苍凉,名篇有《放歌》《绝命诗》等。著有《奇零草》《采

张苍水画像

薇吟》《冰槎集》《北征录》等,后人编为《张苍水集》行世。

1. 苍水诗

"穹庐之冥冥,下有李陵说苏卿,苏卿谅弗听。我惧苏卿稍爱生,莫将百炼精,一旦丧令名。苏卿谅弗听,我假清歌为寄声"。这是清代史学家全祖望先生在《句余土音》里的一首诗,名为《苏卿谅弗听·小校劝忠》,说的是张苍水的故事。小校叫史丙,在张苍水解往杭州时,史丙是一个防守卒,坐在船头,在夜深人静时,唱《苏武牧羊曲》,张苍水听了披衣而起,说:你真是个有心人,我已定了主意,你不用忧虑了。途中的几天,史丙对张苍水十分照顾,张公了解史丙是一个深明大义的人,于是把诗稿托付给了史丙。

后来,有江苏宜兴人徐尧章,愿意出高价购买张公的遗稿,史丙拒绝说:"苍水公的真迹,我每天焚香膜拜,不可以给你。"于是徐尧章抄了一个副本。高允权和全祖望又讲了这样一个故事,张苍水被捕时,搜出信笺两大箱,这些信都是与中原抗清人士的往来书信,送到帅府,一时人心惶惶,帅府也恐怕深究会动摇人心,于是一把火烧了,只是火将熄灭时,发现还有两本残册烧不起来,一看竟然是张苍水的诗集,于是有人特意偷了出来，使得张苍水的诗能得行于世。全祖望大笔一挥，总会让人物增加神秘感。

在清一代，文网严密，士大夫冒着杀头危险，辗转传抄张苍水的文集，从史丙到海滨遗老高允权，到姜宸英、全祖望，到杭州藏书家丁丙，到章太炎、黄节、邓实、张美翊、张寿镛，他们为收集和保存英雄乡贤著作作出了一份贡献。据记载，有个叫周章泰的布衣卖田刻印张苍水的集子，而且每年九月去杭州祭拜张苍水的墓。

目前从四明丛书版的《张苍水集》统计，张苍水的诗作共有342题，近500首，词6首，而据张公自己在《奇零草序》说这些诗作，不过是"全鼎一脔"。十几年来，因为战乱，所写的诗歌都没有保存下来，而这"全鼎一脔"还是从友人、宾从地方抄录下来，又借助于记忆回忆出来。"零落凋亡，已非全豹"，所以命诗集名为"奇零草"。

张苍水从小非常喜欢诗歌，"余自舞象，辄好为诗歌。"舞象是学象舞的年龄段，即成童之年，十五岁左右。后来因为要参加科举考试，张公的父亲，想想学词章不读经史，无益科举功名，让他少写诗作。到张公中举后，往来应酬，诗歌已经写了许多了，只是"甲申之变"，国家亡了，这些少年习作自然不会留下来。从反清复国开始，他慷慨长歌，寂寥低唱，写了大量诗歌，但是在行军中多半丢失。后来他想在国家太平的时候，把旧作整理出来，但是等到国家太平也不知道等到啥时了，于是在壬寅年（1662）的端阳节后五天，编定了第一本诗集，"思借声诗，以代年谱"，他想到了两个人，一个是杜甫，一个陶渊明，杜甫被后世称为诗史，"天宝之乱"后，杜甫的诗真实地记载了战乱为老百姓带来的巨大灾祸。陶渊明辞官后，东晋灭亡，但他写书的时候，都用晋王朝的"义熙"年号，以示心怀故国，有气节。存史、求知于后世，我想应该是张苍水收诗成集最重要的想法吧！

张苍水的诗作风格，朴质悲壮，语言洗练，直抒胸臆，全无矫饰虚华之病，存诗形式多样，有乐府、律诗、绝句、四言诗，诗里充满斗志，没有丝毫亡国之音的感觉，并不像李后主、宋徽宗的作品，充满着悲观失望。因为张苍水本身是一个非常有政治远见的人，他有信心复国。

张苍水故居

余闻诗能穷人,又闻穷而后工于诗。今玄著之诗,其气宏伟而昌高,其词瞻博而英多。盖明堂之圭璧,清庙之贲镛也。长离一鸣,世以为瑞;况律品之相宣乎?夫气有盛,有衰,先动于人心。取玄著之诗而歌咏之,不特审音可比于夔、旷矣!(徐孚远《奇零草序》)

徐孚远,字闇公,号复斋,直隶华亭人,南京刑部侍郎徐陟曾孙,是张苍水最好的朋友。他们是崇祯壬午科同科举人,徐孚远是明末几社的主要发起人之一。几社的主要干将有陈子龙、夏允彝、徐孚远等六人,号为"几社六子"。这些人的经历与张苍水极为相似,在清兵南下时,积极抵抗,并为此殉国。所以全祖望说张苍水的诗风属于"云间派"。"尚书诗、古文、词皆自丁亥以后,才笔横溢,藻彩缤纷,大略出华亭一派。"(全祖望《张尚书苍水遗著序》)他们的诗风以陈子龙为代表,"陈子龙的诗较为深刻地反映了当时的现实,闪耀着爱国主义思想和崇高民族气节的光辉,具有浓厚的时代气息。他不仅为明代的杰出诗人,从某些方面看,也可说是杜甫以来的一位重要诗人。"(施蛰存、马祖熙标校《陈子龙诗集·前言》)

同样,张苍水的诗充满了爱国主义的思想情感,反映了斗争的艰苦过程和他大义凛然的英雄气概。

2. 张苍水论诗

张苍水现存的诗歌,近五百首。据他自己说这不过是一小部分,大部分在行军过程中丢失。在这近五百首的诗里,没有一首以诗论诗的。因为戎马倥偬,实在没有这等闲情了。而在张苍水的文集《冰槎集》《文外编》里有几篇他为友人写的序,《徐允岩诗集序》《罗子木诗集序》《曹云霖诗集序》《陈文生〈未焚草〉序》《梅岑山居诗引》《僧履端诗集序》,我们可以从中找到只言片语,作为张苍水的诗歌创作观。

他在《曹云霖诗集序》里写道:"甚矣哉!欢愉之词难工而愁苦之音易好也。盖诗言志,欢愉则其情散越,散越则思致不能深入;愁苦则其情沉着,深着则舒籁发声,动与天会。故曰'诗以穷而益工',亦其境遇然也。"

大致的意思就是说,欢乐愉快的诗词写不出色,但是愁闷苦难的作品就比较容易写好,因为诗是抒发人的思想感情的,欢愉的时候,感情容易激扬,激扬,人的思想就不能深入,愁苦,人的情绪就冷静沉着,沉着则容易抒发天籁之音,与天地自然吻合的感情准确表达出来,所以说"诗以穷而益工",这就是外在境遇关系到诗写的好坏吧!由此可以看出张苍水对诗歌创作的观点,非常有自己的想法。

诗人在受到困险环境的磨砺,幽愤郁积于心时,才能写出真正的好作品。这种思想上可溯源孔子的"诗可以怨",司马迁的"发愤著书",韩愈的"凡物不得其平则鸣",大体都是讲创作主体的生活与创作潜能之关系。

我们看"四明丛书"版的《张苍水集》里的第一首诗《闲居》(丁亥):

> 挥手归鸿望已乖,风尘依旧两芒鞋。
> 人居闲处非佳境,事到难时且放怀。
> 无限兴亡看《越绝》,何妨奇怪说《齐谐》。
> 孤踪转觉支离甚,一任苍苔自上阶。

张苍水故居内景

丁亥年,是张苍水开始抗清的第三年,这一年他二十八岁,在舟山岛上,是定西侯张名振的一名监军,名为"闲居",实在是一种无奈之闲,"事到难时且放怀",安慰自己,让自己从容下来,看看《越绝书》,说说《齐谐》。《越绝书》以春秋末年至战国初期吴越争霸的历史事实为主干,上溯夏禹,下迄两汉,旁及诸侯列国。《齐谐》是一本志怪的书,《庄子·逍遥游》:"齐谐者,志怪者也。"许多传记里写苍水公说他在行军过程中手不释卷。

我们再看一首《宿官亭》(甲辰八月):

> 漫道诗书债未偿,满身枷锁梦魂香。
> 可怜今夜官亭月,无数清光委路傍。

甲辰年八月,是张苍水就义前的一个月,这一年他四十五岁,官亭是古代供过往官吏食宿的处所。他被解往杭州,在途中的一个官亭住了一晚,短短四句诗,有情有景,写出了一种"超脱空灵"之感,透出自己的视死如归的从容心境。

简单地讲,这相差十五六年的诗之间,就如辛弃疾说的从"少年不识

张苍水故居台门旧照

愁滋味"到"而今识尽愁滋味",人生经过一番历练,写出来的诗的境界就更上一层楼了。

3. 煌言塘

清顺治十六年(1659),用中国人传统的干支纪年法应是己亥年了。冬天,张苍水北征兵败,只身返回宁海,一路上颇狼狈,"死散殆尽,至弃骑,伪为失路贾"(《鲁春秋》)。但张苍水似乎并不灰心,到了宁海这块地方,看到老百姓表现得非常热情,张苍水自己这样写道:"海滨居民闻余生还,咸为于额,却以壶浆相饷。余自惭无似,何以得此于舆情也",又附了一首七律:"虚名浪说逐群雄,垂翅何心得楚弓?每把金鱼羞父老,岂应竹马笑儿童。衣冠不改秦时俗,鸡黍相遗晋代风。正觉渔樵多厚道,不将白眼看途穷。"在山头村西山殿暂成立了个帅府指挥部,又开始抗清大业了。

山头是泻卤之地,泻卤就是斥卤,卤是咸苦的意思,泻卤之地就是咸卤之地。泻卤之地,不生五谷,就是耕地少,老百姓一般从事渔业和晒盐,像《史记》中写道:"太公望封于营丘,地泻卤,人民寡,于是太公劝其女工,极技巧,通鱼盐。"姜太公受封的齐地一样是泻卤之地,但太公因地制宜,让老百姓从事渔业和晒盐。山头人为了扩大耕地,实行围塘造田,但一条

张苍水墓

海塘年久失修，百姓不胜其苦，此时又是兵荒马乱，性命攸关，谁还会去想筑塘的事，张苍水看到这种情景，就"出金五十为倡，鸠工经始"，在原海塘旧址上，军民合力"埤者崇之，圮者累之，阙者修之，薄者丰之"。从年底到年初，差不多三个月的时间，重筑海塘就竣工了，工程一竣工，沧海变良田，为了免于以后分田争多论少，张苍水让当地老百姓约定：这会儿筑塘谁出力多，出财多，以后分的田就多。人无远虑，必有近忧嘛。第二年，也就是庚子年，张苍水把这事细致地写进了《山头重筑海塘碑记》。

张苍水在碑记中写出了自己的真心话："国事固沧桑矣，而民事宁可缓乎！且山头地势污下，洪涛喷薄，无论阡陌巨浸，即庐舍亦荡漾波涛中，倘不急为修缮，民其不为鱼乎？"读来令人黯然神伤，十几年忙于抗清大业，似乎大局已定，无力回天了，但国事固沧桑，民事宁可缓乎，老百姓还是要过日子的，为什么抗清？不就为了老百姓能过上个安稳的日子吗？当大业遥不可及时，还是做点实事造福乡里好！

张苍水当年筑就的海塘，有不少仍保存完好，老百姓为了纪念张苍水，就把这条海塘叫"煌言塘"。煌言是张苍水的名，苍水是号。相信煌言塘跟西湖的苏堤、白堤一样，会永远筑在老百姓的心里。

中山公园大门旧照

四、春风送暖万象新

（一）从独秀山、后乐园到中山公园

独秀山，而今依然在宁波中山公园里面，它的叠山时间为明代弘治十一年（1498）。弘治元年（1488），印绶监太监张公受命出镇宁波，十年后，政通人和，想到明州是以四明山而得名，而城内却无一座山，一年四季无景可观，觉得很遗憾，于是在"廨宇之西"择空地垒石为山，"廨宇"即官舍的意思，用了两个月的时间堆山造园，"假手于民匠"，石头则取于荒野废渍间，张公就以物易之，工匠的工钱就用公家库藏多余的粮食，既成，命名为独秀山。"聚石以为之山，横六口，纵视横居半，高得五分，纵之三。周迴群峰错峙，俯者，仰者，向者，背者；若奔，若蹲，若倚，若斗。左右二小岭绕出其巅。"山巅有适意亭，山下有清凉洞、洞外有南北两水池，池里养金鲫、瑞莲。围绕着池边植有松树蟠桧，茂林修竹。还有乐寿轩、牡丹台等园林小品建筑景观，清凉洞北还有古梧两株。整个构园过程，布政司左参政广东人刘洪写了一篇《独秀山记》记录其事始末，现在《独秀山记》碑

逸仙楼旧照

仍嵌在清凉洞口,因年代久远,字迹湮灭。

光绪十三年(1887),无锡人薛福成出任宁绍台道,在宁波执政期间,对道署西面的独秀山加以整修,"杂莳花木,界以竹篱,境渐幽胜",工作之余,来此小憩。山上有螺髻亭,亭下有清凉洞,又建了揽秀堂、滴翠轩,植梅百株,命名为梅坞,在梅坞东面构一小亭,名为送香亭,用来观赏夏天的荷花。在亭的西边,积土为露台,用来登高望远,四周种上丹桂十余株,谓之小山丛桂。薛福成又自负地说:"尝以谓天下文章奇丽之境,悉在吾园"。把园命名为"后乐园",取之于北宋范仲淹《岳阳楼记》中"先天下之忧而忧,后天下之乐而乐"之句。而薛的前任巡道李可琼曾经在独秀山侧构云石山房,在此选出县内的高才生,教育奖励他们。薛福成亦撰有《后乐园记》一文,文中介绍了造园经过,列举许多仁人志士的爱国情怀,最后说自己也应当"后乐"。

宁波六邑公会为了纪念这位在宁波做过不少好事的学者和外交家,于民国三年(1914)将揽秀堂改建为一幢二层洋式楼房,名为"薛楼"。楼建成后仍将薛及其后任所收的古籍珍藏其中,1927年夏,宁波市政府成立,保留后乐园的基础,扩建为中山公园,由社会各界捐款建造包括后乐

孙中山先生在宁波(《宁波旧影》)

园、旧道署等在内的90亩土地的公园,经过两年不到的努力,耗资11万元,新建各式房屋21座、亭台4座、桥5座、廊坊2座,以及围墙、花圃、小河、假山、园径,其占地60亩。园内植有名卉嘉木,颇具江南古典园林特色。命名为中山公园,纪念革命先驱孙中山先生。又收薛楼为市公共图书馆。1933年春,宁波学术界耆宿陈屺怀(训正)等会同旅沪士绅张申之(传保)等发起成立鄞县通志馆,从事编纂《鄞县通志》,选定薛楼为馆址。那时的薛楼东起独秀山西端(现在"九曲画廊亭"处),西迄公园围墙,北接九曲画廊,南临庭院。院地植有黄杨,置有石桌石凳,前有古银杏一株,干高叶茂,一泓流水迂回其侧。楼南向正门前走廊连通清凉洞。楼西有一边门,门前一列平屋。篱笆入口处紧贴着枇杷一株。循围墙稍南又有陋室数栋,芭蕉探窗,篁竹摇曳。前方竹林萧萧,隐蔽一船形茅亭。入楼边门,一匾赫然悬于厅堂入口处,匾书"薛楼"二字,为郑孝胥手笔。厅内罗列案桌,陈列木刻古板及瓦缶等文物。厅北辟有一室,门首悬有"喻斋"一匾。二楼南向为游廊,可眺望园景。二楼西南隅更有阁楼,登之可瞭望鼓楼远处。楼后九曲回廊"息踵"处墙壁上嵌砌薛福成撰石刻《后乐园记》。甬人张延章于民国二十六年(1937)有七律咏薛楼云:"明州观察河东薛、

《后乐园记》碑及碑文拓片

旧籍收藏择地幽。韩柳文风传正脉,春秋佳日集名流。安排泉石成蹊径,点校丹铅坐群楼。海外槎回游屐倦,梁溪故里赋归休。"是诗追念薛楼前身揽秀堂当时之情景,惜薛本人出使海外归国后未能再践履他数年前擘划经营之故园而溘然长逝矣!薛楼早受白蚁侵害。20世纪40年代自然倒塌。

1927年,由社会各界捐款建造包括后乐园、旧道署等在内的90亩土地的公园。经过两年不到的努力,耗资11万元,新建各式房屋21座、亭台4座、桥5座、廊坊2座,以及围墙、花圃、小河、假山、园径,其占地60亩。园内植有名卉嘉木,颇具江南古典园林特色。命名为中山公园,纪念革命先驱孙中山先生。

另外《鄞县通志》上还记载着两座位于中山公园的小山。

1. 府后山

《鄞县通志》:在今县治西,旧府堂后。中山公园东偏。《四明谈助》谓:山下泉水清澈,即为府东河之源。案:今此河业已填塞。

2. 府山

《鄞县通志》:在今县治西,中山公园内。嘉靖《宁波府志》谓宋宝庆

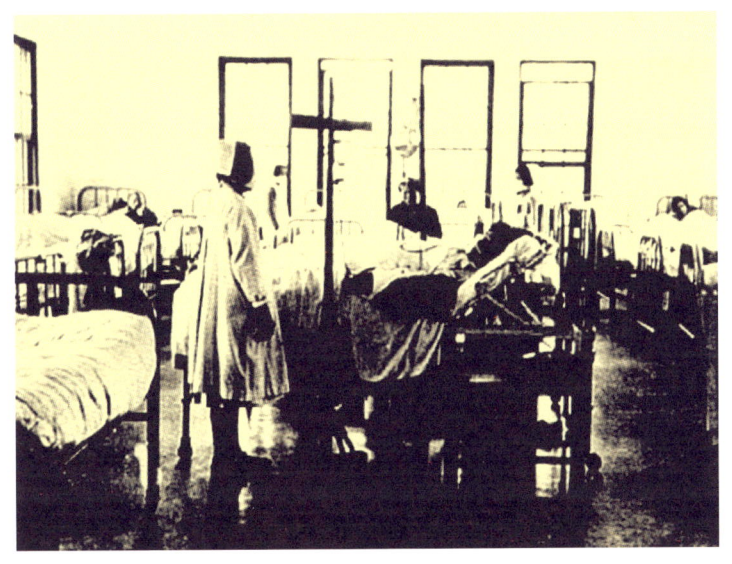

华美医院护理病房(《宁波旧影》)

间郡守胡榘取五方之土积之成山,以镇治城。钱维乔《鄞县志》谓今巡道署(即今中山公园址)即宋之府治后圃,有独秀山当是府山遗址,成化《宁波郡志》作假山。每年植树节,官民多种树于此,今已葱郁成林。

(二)华美医院

1843年(清道光二十三年)11月,美国基督教浸礼会传教士玛高温医士在城区北门佑圣观厢房开设诊所施医传教,兼售西药。玛高温的对外身份是医生,到宁波后,他一无熟人,二无传教场所,于是打算开诊所。恰好一天他遇到了一位富有同情心的商人,商人听说玛高温要开诊所,就让玛高温住到他家里。玛高温到商人家里后,并不急于传教,而是先用他的医术给人治病,这样,周围的人很快就认识了他,并渐渐对他产生了信任。

1847年,白保罗医士在北门江边建男病室,设病床20张,定名大美浸礼会医院。又借宁波月湖书院培训中国医务人员,以作扩展诊所业务之用。1880年,在宁波士绅的赞助下,添置女病室,增床10张,并正式将诊所定名为大美浸会医院。这时,白保罗的施医传教目光已不局限于宁波市区了,还扩大到奉化、溪口和定海、沈家门。

1915 年的华美医院（《宁波旧影》）

白保罗在宁波主持大美浸会医院期间，玛高温也同时在宁波行医。就宁波大美浸会医院来说，玛高温应该说是创始人，虽然未被美国浸礼会任命为院长，但他毕竟是美国基督教各教派中最早来宁波传教的传教士，知名度要比别人大些。但是，后来由于他参与了一件与战争有关的事，离开了宁波。

1889 年，白保罗因病离去，由兰雅谷医士任院长。兰雅谷当大美浸会医院院长后，医院进入了一个大发展时期。1915 年兰雅谷新建病房与手术室，附设医院学校，并将大美浸会医院改名为华美医院，寓有中美合作之意。

1923 年，医院还要扩大规模，就购得城北门土地一块。医院有了土地，却缺乏资金建房，兰雅谷为此十分发愁。这时，宁波城里传出一个拆古城墙的消息，让兰雅谷精神振奋起来，他要抓住这次千载难逢的机会。兰雅谷是个有活动能力的人，他一方面向上海和宁波两地募集资金，一方面通过宁波绅士张襄山的帮助，以仿建宁波北城门的样子为前提，把宁波市北门一带城墙上拆下的城砖、城石全部无偿要了下来，用于建造华美医院。于是，用宁波古城墙砖石建造起的一幢主体三层，局部四层，具有典

20世纪30年代华美医院董事会成员合影(《宁波旧影》)

型的中西合璧风格的医院大楼和一幢护士学校校舍在姚江畔伫立起来。

建造这幢医院大楼,设计师是经过一番精心考虑的,它总体上要体现西洋特色,又要融合中国传统建筑风格。大楼布局为凹字形,外观十分大气,楼的下部全为长条石块作基础,上部为青砖,墙壁厚实坚固。底层南大门前,用青石垒拱形门洞,六面通风,顶上有石柱作栏,并有青藤相缠的建筑物,这就是昔日宁波北城门的缩影。

1926年华美医院新楼落成,虽位于西北角,离东门口繁华地带有点偏远,但它在以砖木结构为主体的宁波城区里,由于建筑高大、富有特色,又是中美合作所办的以西医为主的新式医院,还是个显得十分耀眼的地方。1949年10月该主楼顶层遭国民党军队飞机炸毁,修复时将主楼加层变为五层,改变了原貌。

1951年10月,由市人民政府接办,有病床100张,医务人员30人,职员17人。

1954年10月改名为宁波市第二医院。

1957年,复为综合性医院。尔后新建门诊部,手术室及加强监护、干部、烧伤诸病房,制剂楼等,扩建住院楼。

1985年撤销妇产科,并入市妇儿医院。现为宁波市第二医院的一部分。

(三)周宅

周宅,位于解放北路45弄,军分区食堂东侧,民国建筑,三层楼砖木结构,总占地面积1081平方米,中轴线上依次为门厅、主楼、后楼,各有天井分隔。该宅具有鲜明的外来文化特色,对研究宁波建筑发展史具有一定参考价值。

周宗良(1875—1957),名亮,以字行。宁波人,是旧中国一个著名的洋行买办。从1910年担任谦信洋行买办到1945年结束德孚洋行买办生涯为止,他先后任过多家德商洋行的买办,时间长达35年,在他的买办生涯中,他既为外国洋行推销了颜料商品,扩大了洋货的销售市场,也为自己积累起巨额的财富,成为国内为数不多的顶级富豪之一。

周宗良的父亲是宁波地方的一个牧师,所以他从小就读于当地耶稣教会创办的斐迪书院,该书院是"偕我公会"主持人英国牧师阚斐迪于1887年创办,院址设在宁波和义门,"规模不大,设备隘陋",后进入宁波的海关工作,为税务司译员。其间,他由于和外人频繁接触,英文水平有很大提高。几年以后,他进入了德商爱礼司洋行在宁波开设的美益颜料号工作,爱礼司洋行是上海一家专门从事洋杂货进口及中国土产出口的德商公司,颜料是其经营的大宗物品。周宗良借此跨入了他一生固守的颜料业界。进入美益后,周宗良十分注意进口染料的销售情况和各种染料的具体性能。

1905年,周宗良开始到上海来寻觅自己的发展机会,经同乡杨叔英介绍,进入谦信洋行,受到洋行大班轧罗门的赏识。从此,周宗良奔波于全国的各大城市,和各地的颜料号经理周旋,联络感情,开拓业务,了解客户的需求爱好、各种颜料的用途和销量,掌握各种客户的业务和信用,调查其他洋行的业务和销售途径。他根据不同客户的各种要求,采用不同的销售方式。他的一番努力终于换来了洋行销售业务的大幅增长。

1910年,谦信正式聘用他为洋行的买办。第一次世界大战爆发后,

周宅

在上海的德国商人纷纷回国。谦信洋行的全部不动产委托周宗良隐匿保管,连产权的户名都挂到周宗良的名下。洋行全部库存的颜料折价赊卖给周宗良。大战结束,外商洋行纷纷复业,周宗良立即将托管隐匿的不动产全部过户给洋行,同时还付清了折价赊买的全部颜料货款。轧罗门十分满意,除了继续聘用周宗良为谦信买办外,还特别嘱咐继任的新大班要更加器重忠心耿耿的周宗良。

在业务开拓中,周宗良重组了自己的谦和靛油号推销机构,有计划地设置推销网点。谦和靛油号的这套销售分支机构的设立,既奠定了谦信洋行在全国的颜料销售网络,也为周宗良自己的大买办地位奠定了组织基础。

眼见周宗良拥有如此规模的销售网络,不少外国公司,像怡和啤酒公司,爱礼司肥田粉公司等都争先恐后地要聘用他为买办,但周宗良都没有接受,只是同意担任谦信公司和拜耳药厂的买办。1930年,周宗良因为掌握了一批大城市中印染厂和印染坊需要进口的颜料,他当机立断开设了自己独资的周宗记颜料号,在各地的谦和分号里也都挂上了周宗记分号的招牌,采用以周宗记的牌号以较低的现款向洋行进货,再转手以加价赊销的方式卖给这些印染厂和染坊。这样既为德孚洋行拉住了客户,增

周宅内景

加了数量,也为自己增加了一条生财的门道。

由于周宗良的努力,德国颜料在同英、美、法、瑞士和日本等国的竞争中很快胜出。德国颜料的进口数量占到进口总数的60%以上。在这种优势基础上,周宗良的买办收入也进一步提高,丰厚的收入让他可以购进更多的德孚洋行的股票,成为洋行的董事。他也就此成为颜料行业中买办的龙头老大。

周宗良还是一位较为有名的公益活动家,1937年,八一三事变后,上海成为重要战区,一时受伤士兵及平民较多,周宗良以"世界红十字会中华东南各会联会总办事处总监理"名义组织救护队,派队救济受伤兵民,对重伤者,则送入他们设立的医院、收容所施行诊治。他领导的世界红十字会办事处从弥漫的战火中先后从杨树浦路、虹口昆明路一带救出难民六万多人。为了解决经费困难和冬衣缺乏等问题,周宗良在各大报纸上向社会各界呼吁,征求募捐现款、物品,并鼓励大家把喜事贺仪、筵资捐献出来,支持救济善举。世界红十字会中华东南各会联合总办事处还与上海其他慈善团体一起组织上海国际救济会,后又参加由政府出面组织的上海市救济委员会,为战时上海难民救济工作作出了贡献。

1948年6月，周宗良到香港，这时他已经把自己的大部分财产转移到了国外。在香港定居，并继续在小范围内经营染料等业务，1957年，他在香港去世。享年83岁。

（四）宁波商会旧址

中山公园中有一座小花厅，即是民国时代宁波商会的旧址所在，毗邻抗清志士张苍水故居。小花厅前有假山，边上有一座碑亭，有《宁波商会碑记》，张原炜撰文，沙孟海书丹，赵叔孺篆额。

旧时，士绅们每做一项事情，都会写一块碑，碑者悲也，前不见古人，后不见来者。立在碑前，细细读碑上的文字，大概可以知道一件事的前因后果。《宁波商会碑记》的起首是这样写的："有清末叶，朝廷厉行新政，奖励农（商）。各行省诸大都会以次设商务会，蕲上下相更始。首起者上海，而吾甬继之。上海始曰商务公所，寻改今名。吾甬则称商务总会，已曰总商会，而冠以郡名。郡道制废，它郡率易称，独吾宁波犹袭旧名者，以其地通海，夙（无）中外人士孰于口也。"或是形势必然，商业兴旺，商会也随之如雨后春笋。

清光绪三十一年（1905），由甬上绅商王月亭、吴葭窗、汤仲盘发起，成立了宁波商务总会，这就是宁波工商业联合会的前身，会所设在鄞城东后市茶场庙侧。赁民房若干楹为会所。由于王月亭诸人各捐官衔，由商而绅，因此，商会大门挂起一对虎头牌："商务重地，闲人莫入"，俨如衙门。因为三人的姓氏"王、吴、汤"用宁波话念起来，正好是"黄鱼汤"，当时引为一笑。

王月亭，名澄，其父王磬泉，经营颜料起家，系鄞城著名殷富，与大资本家秦君安、叶澄衷等合开许多行号，大有丰洋广货兼营颜料，尤为闻名，俗称"大有丰王家"是也。月亭读书不第，仗着财势，捐了监生加道衔，常与官绅交际，有特殊势力。吴葭窗，名传基，乾丰钱庄经理，老成持重，声誉卓著，在同业中有领导地位，常参与地方事务，人称"仁厚长者"。本埠遗老盛炳纬深契其才，因此通过盛老的关系，上通官府，下达群商。汤仲盘,名嗣新,其父汤仰高,先在上海开设增泰洋货号及官商合办纺织新局,继在宁波创设汤森泰洋布棉纱号、通久源纱厂、通久源面粉厂、通利轧花局、通利源榨油厂。系甬地独一无二的实业家。仰高有二子:长嗣衔,举人;次即嗣新,出身秀才,捐了候选道官衔,有财有势,成为本城著名的绅商。商会实行业董制,设总理、协理、议董、业董,并经地方官府委任,经费由各业捐助。开始,议董都是由有官衔的绅商充任,业董由各业领袖担任。钱业在当时宁波商界实力雄厚,号称百业之首,在商会中占据举足轻重的地位,其次是典当业代表,也有一定影响。宁波商务总会第一任总理是乾丰钱庄经理吴葭窗,是当时的风云人物,连任两届。第二任总理是猪行、纸业的行业领袖郑谔笙。郑出身猪行,他与镇海炮台司令吴吉人结为换帖弟兄,具有特殊势力。因此,转入纸业,被推为领袖。第三任总理是慎丰钱庄经理余芷津。

当时入会者,一般为大业大户,而由公行先生(此为宁波"特色",一般商贾与官吏较难接近,所以往往聘请一二绅士,代达衷情,互通声气,即为"公行先生")代理出席。因此,商会会董属于半绅半商的人士居多,特别是会董更非地方巨商大贾或绅士莫属。当时,商务总会的工作职责主要是协助官府处理商事,如商人间纠纷,诉之官府之前一般先由商会调停,代缴各业捐税与代领佣金。所以,当时商务总会虽为工商团体组织,实为官商合办性质。宁波商务总会成立后,宁波府属奉化、慈溪、镇海、象山、定海各县以及柴桥、石浦等镇,依宁波例,先后组织商务会。这些商务会虽与宁波商务总会没有隶属关系,但在实际工作中,都唯宁波商务总会马首是瞻。1912年,宁波废除府制,宁波商务总会仍袭旧名。同年,民国政府工商部召开"工商会议",通过并公布《商会法》。该商会法规定:"凡商务繁盛之城镇得设立商会,省会及大商埠得设立总会。"1914年,全国商会联合会在上海成立。宁波商务总会成为全国商会联合会会员,接着又参加全省商会联合会。

1916年,奉工商部令改"宁波商务总会"为"宁波总商会","总理"亦改称"会长"。各县、各镇商会,也相继更改名称。那时商会设施初具规模,

宁波商会旧址

亟须吸纳会员,扩展组织。凡入会注册者,按户给以搪瓷板一方,蓝底白字,上书"宁波总商会注册"字样,钉在店门上端,以资识别。1919年时,会员发展到634人。1924年,商会集资购买枪支,扩充团防组建商团,次年5月,商团停办。

  宁波总商会第一任会长费绍冠(鼓楼上的铜钟即有费绍冠的名字),初任源丰顺银号经理,后任四明银行经理。他热心社会公益事业,辛亥革命时,曾参加保安会,宁波光复后,曾以商务总会总董身份担任宁波军政分府财政部副部长,1916年成为改名后的宁波总商会首任会长。第二任会长屠鸿规,系钜康钱庄经理,副会长为典当业代表袁端甫。第三任会长孔馥初,系升大北号经理,副会长为典当业代表林琴香。第四任会长俞佐廷,系天益钱庄总经理,副会长袁端甫。第五任会长袁端甫,副会长为仁和钱庄经理陆卓人。第六任会长陈南琴,系中国银行经理,副会长林琴香。第七任会长林琴香,副会长为元益钱庄经理俞佐宸。在历届商务总会、总商会中,主持会务的是会办。该职先后由童焕伯、姚次矗、王叔云担任。

  1927年初,北伐军占领宁波。3月,宁波市临时市区政府成立。主持商会工作的陈南琴发起筹建商会新会所,经省政府拨还前军需借款银

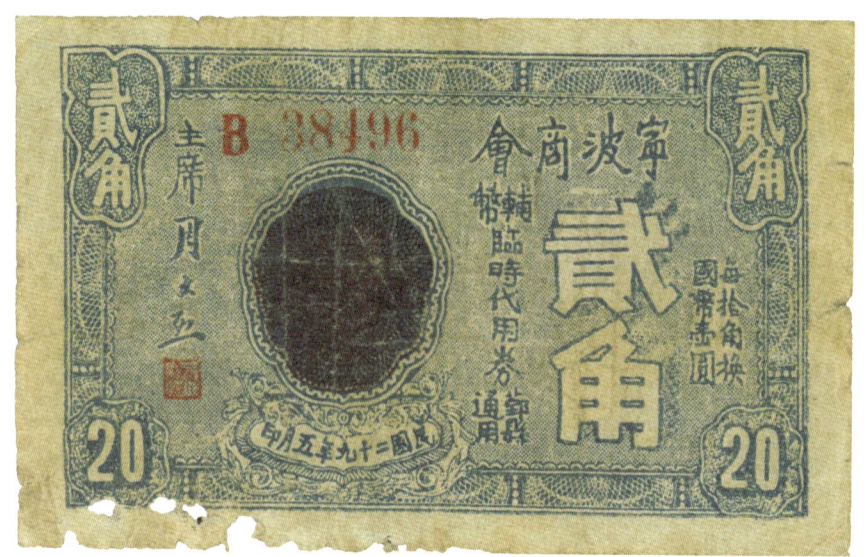

1940年宁波商会辅币

圆3万元,又向各界筹资3万,购得今中山公园东侧土地5亩,建造新会所。于当年12月开工,次年6月竣工,"会郡人士有事于中山公园,乃与主者谋,割园地余羡,得六亩有奇,用营缮为会所。会中设议事厅二,会员休憩室二,会客室一,膳室一,自会长以下诸执事于会者,乃至徼巡及诸夫役,皆各有室。厅之外,辟为园,长廊曲槛,邃如洞如,园卉蓊翳,四时而有。盖吾浙七十有五县,县各置商会,论其规制,未有若斯之完饬者也。"大礼堂上方悬挂三方金匾,分别为蒋中正、王正廷、宋子文所题(新中国成立后被毁,匾额文字已无从考证)。

建成后至今快百年的历史,其中也有许多故事,均不一一罗列。宁波商会是宁波近代史上最具实力的社会团体,在宁波社会变迁与发展中影响深远。特别是在反对帝国主义的经济侵略与军阀政府的苛捐杂税,维护工商业者权益等方面都发挥过重要作用。同时,商会尽力参与地方各项社会事业,努力维护地方社会秩序与安宁。"无宁不成市""宁波帮"等俗语、名词均铭刻着宁波商帮曾经的辉煌。

宁波商会旧址2010年12月被海曙区公布为第五批区级文物保护单位。大概残山剩水,聊作纪念。

(五)三一教会学校旧址

在现在的广仁街44号,还有一幢三一教会学校旧址。为什么在小巷里有一所教会学校呢?说来话长。

宁波是中国近代史上第一个不平等条约《南京条约》所列的五口通商的港口之一。宁波对外开放先于全国各地,国外教会在宁波办的教会学校就全国来说也是既早(最早开办在1844年)又多(前后曾开办30多所)。设教堂,办学校,是近代国外教会用以培植当地教牧人员,传播宗教,发展中国教徒的重要手段,另一方面也服务于帝国主义文化、经济侵略。早期来甬的传教士尝试教堂演说、街头宣传、发放印刷品等多种方式布道,但收效甚微。美国基督教传教士娄理华曾在日记中记载他在宁波传教时听众喧嚣议论、儿童追逐戏闹的场面,称自己的布道努力犹如"对着风浪说话,在沙滩上留名"。陷入困境的传教士意识到完全依靠传统布道手段无法达到传播"福音"的目的,在实践中他们逐渐认识到在素有"文教之邦"之称的宁波,凭借办教育来推动传教事业的发展,显然更具社会效应,"因为教育是一种利器,可以养成人们的理想,确立人们的态度,建立人们的品格,为人们所接受"。其间传播了现代科学文化知识,培养了一批优秀人才,出了不少知名学生。

清同治七年(1868),英国圣公会传教士戈柏和禄赐,在巿内贯桥头一所民房办义塾,小学程度,开设圣经和国文两门课,学生甚少。接着,禄赐筹资改建一幢三层楼房,次年落成。英又派岳教士及其妻子来宁波。岳教士抵甬后,即管理这所义塾。为解除群众疑虑及鸦片战争带来的仇英情绪,聘请鄞县人工有光为教习,并免收学费,供给膳食及零用钱办法,以吸引学生入学,此即为后来三一书院之基。清光绪二年(1876)正月,英派霍约瑟教士来宁波,时禄赐购得城北孝闻坊广场一方,霍约瑟即协助禄赐建筑校舍。是年秋,新校舍落成,把贯桥头义塾迁入,兼为礼拜堂。霍约瑟任监院,将义塾取名为"三一书院"("三一",意即基督教宣扬的"圣父、圣子、圣灵三位一体",故名)。当时开设课程除原有圣经和国文外,增加算学、历史、地理等科,增聘谢苇林为教习。光绪五年,英教会又派霍约瑟之胞妹及妹夫山烈成来宁波协助办院。因孝闻坊校舍狭隘,又购置李衙桥侧一块土地建筑新校舍(今广仁街宁波八中校址)。光绪九年建成迁入。光绪二十四年英教会调霍约瑟为香港会督。三一书院改由慕华德为监院。民国元年(1912),三一书院改名为三一中学(一说于民国五年始改名)。民国七年,英人慕华德辞校长职,由国人徐家恩继任。民国十六年三月,北伐军占领宁波,三一中学因拒绝接受国民党政府办学条件,学校停办。次年六月,鉴于中国大革命影响,圣公会将校务移交浙江中华圣公会常务委员会接办后复校。聘夏松寿任校长,一年后,仍由徐家恩复任。民国十八年,组织校董会,并呈准浙江省教育厅备案。民国二十年八月,改名三一初级中学,是年有学生90人,教职员21人,学校教会气氛很浓,清规戒律也很多,圣经是必修课,星期日必须做礼拜。民国二十一年六月,仁德女校并入,分设男女两部。改校名为鄞县私立三一初级中学,学生增至124人,教职员23人。民国二十六年抗日战争爆发,为避日机骚扰,学校曾迁至鄞县蜜岩,设分部于浦江、诸暨等地。民国三十年,宁波沦陷,学校停办。民国三十四年抗日战争胜利。次年秋季复校,委冯俊为校长,定名为鄞县私立三一中学,校本部与初中部设在双池巷19号,高中部在广仁街44号(今八中校址)。新中国成立初期易校名为宁波市私立三一中学。1952年12月,原私立青年中学并入,由市人民政府接管改私立为公立,校定名为浙江省宁波第三中学。

新中国成立前,三一中学有不少著名教师和知名学生。著名教师如马涯民,著有《平民字典》《国学概论》《历代文学家年表》《微积分学》等十余种书,并参与《辞源》修订工作,担任《鄞县通志》编纂主任;石德濂,从事数学教学40余年,新中国成立前与人合编小学、初高中、大专数学教科书和教学大纲多种;杨菊庭,执教50年,不仅擅长数理,对国学、考古造诣也深,编著有《竹洲文献》《张苍水事略》等。

宁波解放前,随着革命形势的发展和中共地下党员活动的开展,加上一些进步教师的推动,校内爱国民主空气活跃,一些进步师生或去金肖支

三一教会学校旧址

队、三五支队参加革命,或在学校暗地活动,为迎接宁波解放做准备,是当时教育界有影响的一所中学。

  宁波有一首童谣,以一至十数字开头,其中有一句叫"三一中学学生多",还有不同的版本如"三法卿巷木器多"。据林宇镇先生说,三一中学一直以来传承教会学校的亲民惠民传统,一直把自己定位于"平民学堂",以务实、大众、俭朴为校风,以大众的教育水平作为学校发展的方向。这种方向一直延续到宁波三中的创立。三中尤其重视"面向工农"的方针。三中教师曾被要求去各县乡,动员贫困家庭的工农子弟入学,侧重招收平民子弟,以特别低廉的学费、偏低的录取分数线吸引生源,关注社会底层子女的求学要求。

  以1953年为例,三中学生约1200人,初中学费每学期3元;同期效实中学学生约800余人,初中学费每学期16元。三中的平民形象,在社会上留下了十分深刻而良好的印象。深受社会平民的热爱,具有很广泛的社会基础,据三一校史记载,1946年复校,"报名投考者1300余人""为历史所罕见",因此,同类学校,来三中就读的学生数量最多。据1947年第八期《圣公会报》报道,当年鄞绍区县政视察团的视察报告中明确指出:

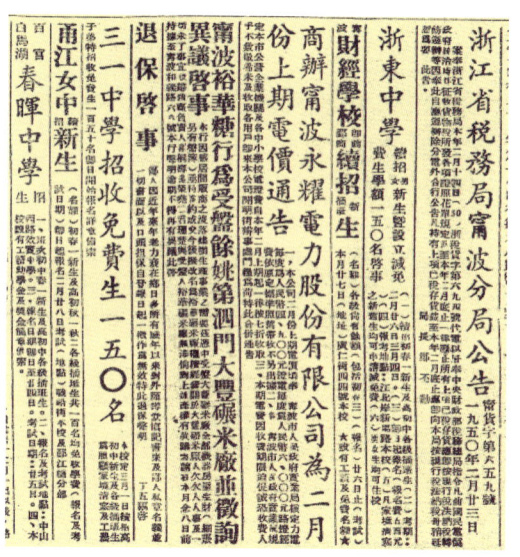

三一中学招生广告（1950年2月24日《宁波人报》）

三一中学"学生发达，为甬校之冠，""宁波公立中学，不及私立中学办理完善。私立中学之中，尤以三一中学办理得最好。"所以有"三一中学学生多"之说。

虽然校址经过多次迁建，但广仁街的旧址却保留了下来。主体建筑坐北朝南，由前后两进楼房及东偏楼组成，总占地面积847.61平方米。前后两进楼房，东西相错，南北相隔约为5米。前进楼房长10米，通宽12.8米，四坡屋顶，上覆青瓦，屋顶上置两只人字形帽盖状铁皮烟囱，墙面红色砖雕方格线条等分上下两层。大门设在西墙中间，墙体四周开窗，窗楣多拱券状，五个层柱支托整个建筑。二楼阳台设木扶栏。后楼四开间，长8.2米，通宽14.4米，二层不设阳台，前楼东侧为偏楼，偏楼朝西五开间，长8.2米，通宽17.5米。建置大体如主建筑，二层不设阳台，西北角有古井一口。

三一教会学校是西方教会在宁波传播文化教育的历史见证，亦是研究近代以来宁波对外开放的历史材料。

1924年，甬江女中师生合影（《宁波旧影》）

（六）甬江女子中学

甬江女子中学前身是创办于清道光二十四年（1844）的一所女校，这所学校不但是宁波最早之女校，也是中国最早的一所女校。

清道光二十四年（1844），英国基督教循道公会传教士、东方妇女教育促进会委员奥特绥女士来宁波设教传道的同时，在城内祝都桥竹丝墙门内大屋开办一所女校，自任校长，办学目的是为培养中国的基督教徒。开办初期课程比较简单，主要是圣经、国文、美术等，并且学习缝纫、刺绣。奥特绥为消除民众疑虑，吸引学生进校就学，采取了豁免学费、供学生膳食、津贴学生家庭等措施。但第一年入学的仅数人，次年才增至15人。道光二十七年（1847），美国北长老会派教士柯尔来宁波亦设立一女校。清咸丰七年（1857），奥特绥任满回国，两校合并，归长老会接办，定校名为崇德女校，校址在江北岸（今槐树路小学校址），后又改名崇德中学。学校钳制学生思想，拆阅学生信件，外出由教员陪同，并强迫读圣经、做礼拜，学生深感不满。

清咸丰十年（1860），美国基督教浸礼会女教士罗尔梯在今解放北路口江滨（今宁波十六中校址）设立浸会女校，后又改名圣模女校，与崇德

1923年春建造的私立甬江女中校舍(《宁波旧影》)

女校隔江相望。两校经几年扩充,均设有中学部和小学部。

　　民国八年(1919),长老、浸会两教会集议,决定将两所女校中学部合并,与小学部分开单独建校。筹集资金在战船街(今宁波六中校址)建造新校舍。民国十二年,一幢四层楼新校舍落成,于是将两校中学部迁入,定名为私立甬江女子中学。先由美籍徐美珍任校长,为旧制4年制中学。第二年改新学制为6年制中学,设高中、初中各3个年级,全校有学生66人,教职员12人。民国十六年秋学校师生及社会舆论要求收回教育权。两教会始将学校移交国人办理,组织校董会,聘请奉化籍沈贻芗为校长。以后学生逐年增加,民国十八年为88人,民国十九年为125人,民国二十年为150人,民国二十一年为159人。民国二十四年(1935),循道教会所设立之斐迪中学女子部并入甬江女中,学生人数增至200人左右。教职员20余人。

　　民国二十六年,抗日战争爆发,学校迁至奉化亭下办学,设分部于鄞西接待寺。民国三十年,宁波沦陷,学校停办。部分师生去宁海县,并入鄞县县立临时联合中学。民国三十四年,抗日战争胜利,迁回宁波复校。1951年5月,由宁波军管会接管,1952年2月,改名为浙江省宁波女子中学。

甬江女中早期毕业生中知名的有康美霞,获得美国哥伦比亚大学双博士,现任该大学教授;马焕英,获得哥伦比亚大学医学博士学位,现任美国国际旅行社经理;陈银莲,获得美国马塞诸萨州大学语言硕士,现任纽约凡塞大学教授兼中文系主任;邬静娴,任金陵女子大学生物系教授;孙彩虹,任北京中国科学院动物研究所研究员;李秀清,早年加入中国共产党,留学苏联,与沈志远(著名社会科学家)一起参加革命,1933年回国,在赴苏区革命根据地途中,遭反动派匪徒杀害。

五、谯楼鼓角晚连营

(一)历代军事战争简述

古代城市城墙作为一个完整的防御体系,除了作为主体建筑的城墙外,还有城门、城台、城楼、瓮城、角台、马面等不可或缺的组成部分,以及护城河、吊桥等环境设施。

古时所称的城池,就是城墙与护城河的合称,历代城池的修建都强调深为高垒,重视建重城和采取城墙与护城河(或沟壕)相结合的防御措施。护城河又谓城河、城壕。

城门之上的门楼就是城楼,城楼标志出城门的位置所在,城楼还可以观察和控制出入城市的人;可以瞭望远处的敌情,查看城内状况,做好防卫工作。城楼建筑在城门洞墩台的上部,里外两面都比城墙突出很多,构成城门的坚固基座,称为城台、墩台。重要城市的城楼建筑往往高大雄伟,显示出城市特有的气势。海曙楼作为子城的南门,一直是作为一个军事瞭望台,即使到了晚清、民国,因为地处最高,上置警钟,又有火警作用。一位老先生说,旧时的火警是先敲一阵乱钟,以示紧急,然后敲数次代表方向,比如四下代表南方,如南方有火灾,就接连敲四下,停一下,然后再四下,发出一种声音的信号,指挥民间水龙救火会明确灾情的方向。

19世纪60年代宁波南门明代石牌坊,远处为南门城楼

　　宁波城是江南的水乡,很柔美。但宁波是一个海防城市,历代都是驻军防御的重镇。东晋即有刘牢之为了抗击农民起义军孙恩而筑的筱墙(今在西门外筱墙巷),唐代驻军据城防守。建罗城、子城,组成城、郭、池一体的防御工程。其时有远射兵器弓箭、弩,格斗兵器铁制刀、枪、矛、棒,防护装具铠甲、盾牌等。天祐元年(904),明州为望海军节度使,实行军政一体。宋初,州郡只驻地方部队厢军,明州城有厢军的江桥院、碇手、采造等机构。其时,皇家守备部队禁军只驻京畿或三边重地。庆历年间,禁军设宣毅指挥,共288个指挥(指挥为宋兵基本序列),其中1个指挥驻明州。嘉祐年间,改宣毅为威果指挥,自治平至熙宁,禁军总额虽有裁减,但明州驻军如旧。元丰年间,又升雄节指挥。宝庆二年(1226),驻明州城禁军共有5个指挥,编制总兵力2330人,实驻1490人。熙宁年间,宋两浙路厢军初属步军崇节指挥,共51个指挥,其中驻明州有船场、采造、江桥院,时称"崇节三指挥"(宝庆《四明志》)。至宝庆二年,驻明州厢军共9个指挥,其中7个指挥额定编制总兵力2377人,实驻1299人。这是唐宋的基本情况,历代的驻军编制历代方志均有记录,不再赘述。再说说战争,唐宋元明清,虽说大多平安无虞,但也有许多战争事件发生,但这些战争的烽

烟,老百姓自然已经记不得了。但茶余饭后,我们可以从老百姓津津乐道的故事中,抽丝剥茧般理出战争的清晰历史。

(二)金兵攻破明州城

小时候,每逢夏天晚饭前,祖母便会问,"滑子擦过了没有?"暑热,每晚睡觉前,必须用井水擦一下滑子,篁生凉意,才能睡上一个安稳觉。"滑子"是什么呢?这是宁波人对"席子"的叫法。为何叫滑子呢?相传,小康王逃难至明州,金兀术带领铁骑三千追逐小康王,明州产明席,老百姓把席子铺在高桥上,金兵铁骑踏过,人仰马翻,宋兵趁势围剿,引得高桥大捷。所以宁波人管席子叫滑子。

在宁波的民间故事中,流传着60多个救康王的故事,最有名的为民女救康王,后来改编为戏曲,流传非常之广。然而历史并非如此华丽多姿。甚至一直留有血腥的味道。

南宋建炎三年(1129),完颜宗弼(金兀术)率金兵南犯。十一月二十六日高宗赵构自临安府(杭州)逃至越州(绍兴),后又退至余姚。十二月初五至明州,驻州衙,命知明州张汝舟为中书门下省检正公事,以御营使参议官刘洪道知明州。提领海舶张公裕奏报已结集海船千艘备用。初八日,廷议航海避金兵,每船限载60人,每个卫士只准带家眷一人。卫士说:我有父母、妻子,不知两者如何去留。适宰相吕颐浩入朝,卫士张宝、谭愤等100余人拦道责问。次日,赵构诱擒张宝等17人斩于街市。十五日,赵构乘马自东渡门出城,至江边登楼船。十七日泊定海(今镇海),发给随行诸军"雪寒钱"。十九日泊昌国(今舟山市)待机决定行止。二十二日,浙东制置使张俊统兵退守明州,其部卒掠州城内外。张欲跟随渡海,惜无舟可载。赵构给张俊手书,许捍寇成功,当封王爵。张犹狐疑,侠士刘相如以忠义力劝之,且为策划。张遂采纳相如策,留明州迎敌。

完颜宗弼命乌延蒲卢浑率精兵4000人赶赴明州追杀赵构。十二月二十六日攻余姚,知县李颖士募乡兵数千抗击,得把隘官陈彦助战,使金兵滞留一昼夜不敢进。二十九日(癸卯)(1130年2月9日),金兵经余姚车厩到达距明州城10公里的鄞西高桥。浙东制置使张俊令统制刘宝领兵迎战。其将党用、邱横阵亡，统制杨沂中、田师中，统领官赵密皆殊死战。张俊见民间多织席，遂派兵敛取，以重席覆于路，金骑兵践席上，皆足滑而仆。中军统制张宗颜击败金兵前军。杨沂中舍舟登岸力战。武经大夫夏荣身中18枪，衣甲为赤。此时，主管殿前司公事李质率舟师来助，明州知州刘洪道率州兵从侧翼射击，各路并出，毙敌甚众。金兵势怯，退驻广德湖堤营寨。史称高桥之捷。

建炎四年（1130）正月初二（2月11日）金兵从西门攻明州城，初为张俊、刘洪道部击退。是日午，西风起，金兵乘风复攻，张俊遣兵出城掩击，敌奔走堕田间或坠水，死伤无数。金兵退，张俊急令收兵，尽毁西城外民居。金兵退到余姚，向在临安的完颜宗弼乞援。初七日，兀术亲自引兵再犯州城。张俊遣将拒于高桥，战数合，惧金兵援师势猛，乃托词扈从保驾，匆忙收兵。次日尽将兵撤向台州。城中居民逃难出城十有七八。有士人率众叩知州刘洪道马首，请刘留明州以御金兵，刘佯称数次败敌，尔等毋虑，旋于正月十三夜，悉微服逃。刘与张思正引所部兵夜奔天童山，拆去灵桥桥板，破坏沿途桥梁。民不得过，死者甚众。次日，朝廷却任刘洪道为浙东安抚使、张思正为招抚使。

正月十四，金兵增兵来犯，屯广德湖堤旧寨，准备攻城，胁迫老弱和妇女运瓦砾填城外濠河。次日，在西门口架起炮10余座。十六日，炮攻城楼，守兵溃散，或从东南缒城而出，或浮水渡江，生死参半，城遂陷落。当夜金兵乘胜追，破定海（镇海），陷昌国，闻宋帝已奔温州，即以舟师追300余里，至崎头洋适遇风雨大作，被宋提领海舶张公裕所率大船击回。

金兵攻占州城后，遣兵大掠诸县。二月初三，从明州撤往临安。金兵踞州城17天，到处搜刮掠杀。撤离前按完颜宗弼"如扬州例"命令，"遂焚其城，惟东南角数佛寺与僻巷民居偶有存者"（《明州系年录》），是为明州历史上一大浩劫。

二月十一日，慈溪县令林叔豹引乡兵入明州，擒诛金兵所立伪知州、剡县人蒋安义，并杀住城南开元寺金兵10余人。十三日，刘洪道自台州

赵构

还,入城后掘民家窖藏,搜掠得钱4万缗,以备进献朝廷邀功,并妄图补其失城罪名,民怨益沸。三月二十九日,赵构自温州至定海(镇海)。四月初三,到明州,因城毁未入,拨米七千斛赈济灾民。初五,至余姚,海舶不能进,换船转越州,返临安后罢刘洪道职,贬秩二等,任向子忞为明州知州。

张俊高桥之捷,后人褒贬不一。是捷,为南渡十三处战功之首,又为四大捷之首。《四明谈助》载:"宋宝祐五年(1257),吴制相潜既成高桥,于其西作新庙,肖像祠焉。"是为张循王庙,以祠张俊。全祖望《鲒埼亭文集》谓张俊"饱掠遽去,使其君有馆头之行,其民被屠,尚可言功乎?"《句余土音》谓:"张俊高桥之捷,旋卷甲鼠窜,吾乡人尚夸其功,愚矣!"

(三)方国珍据庆元

关于方国珍先讲两个故事。元末明初钱塘才子的《牡丹灯记》的故事背景即是方国珍统治宁波的时候。"方氏之据浙东也,每岁元夕,于明州张灯五夜,倾城士女,皆得纵观。"这个故事流传东瀛,影响深广。战乱时代,青年男女,无法成恋,有些故事中的女主因战乱而死,徒留男主空惆怅,以致女主人变幻鬼魅,再续前缘。"天长地久有时尽,此恨绵绵无绝期"，阴阳相隔，而无法破镜重圆。

另外据《留青日记》所载，也是方国珍时代，明州地方有一女子，名叫柳含春，年方一十六岁，生得"天姿国色"。一天，柳含春去烧香还愿。那寺院中有一位少年和尚，名竺月华，他见柳含春姿色艳丽，心中喜爱，不禁害起单相思来。于是嬉以柳姓为题，念了几句词云："江南柳，嫩绿未成荫。攀折尚怜枝叶小，黄鹏飞上力难禁。留取待春深。"

柳含春虽不是千金之体，却也是富家之女，她听了小和尚所念的轻薄之词，心中发怒：这不是有意戏弄我吗？出家之人怎能如此无礼！因此，她怒冲冲地上轿而去。回家后，她将此事告诉了父亲，她的父亲就告到了官府。其时，正是方国珍执政时期。他接到状子，便将小和尚竺月华拘至法堂。方国珍并不多问，命人做了一只竹笼，将竺月华装入笼内，准备沉入江中。

方国珍道："我也以你的姓氏为题，送你几句词吧。"词云："江南竹，巧匠结成笼。好与吾师藏法体，碧波深处伴蛟龙。方知色是空。"

竺月华一听，知是要把他投入水中处死，以示对他"贪色"的惩罚，忙哀告道："只怪我凡心不净，胡言乱语，老爷要处死我，我死而无怨，只是请老爷容我再作一词。"

方国珍道："也好，容你再填一词。"

竺月华随口吟道："江南月，如镜也如钩。明镜不临红粉面，如钩不展翠帏羞。空自照东流。"

方国珍听了大笑，觉得小和尚不仅有情，而且多才，心中深表同情，于是就放了他，令其蓄发还俗，并将柳含春许他为妻，结为百年之好。后世传为一段佳话。

再说历史，元至正八年（1348）十一月黄岩人方国珍因遭仇家诬陷，与兄国璋、弟国瑛、国珉入海起事，聚众数千，劫掠运输船舶，海道因之梗阻。浙江省参政朵儿只班率水师征剿，兵败被俘，方国珍胁其奏请赏官准降，元朝廷授予定海尉，方不赴任，又累败元军。至正十一年正月，江浙行省左丞孛罗帖木儿统兵至庆元路（明州）讨方国珍。六月，全军覆没，孛

浮桥

罗帖木儿被擒。七月,朝廷命大司农达识帖木儿招降方国珍,授为万户,其兄弟亦各授官。次年,方国珍又反,元兵进讨均败。新任浙东都元帅纳麟哈喇遂主持重建元初夷为平地的庆元城垣,治铠甲,理舟楫,备粮草,以防方国珍进犯。至正十五年春,方国珍舟师掩至庆元,纳麟哈喇献城降。方国珍继而攻占庆元路各县,并尽据庆元、台州、温州三路及余姚州地,拥兵设治于庆元城中。次年三月又降元,授为海道运粮万户,仍拥兵自如,后又授予江浙行省参政。至正十八年方国珍进攻占据江西、浙西的张士诚部获胜,五月,元朝廷授予江浙行省左丞相兼海道运粮万户衔。至正十九年正月,朱元璋军势盛,方遣使进献金50斤、银100斤、文绮100匹通好朱元璋。朱遣员回访。三月,方遣郎中张本仁致书于朱,以所占三路地归附朱元璋,并以次子方关作人质,朱元璋受其书而却其人质。九月,朱元璋遣员授方国珍为福建省平章,令奉宋龙凤正朔,不用元至正年号。方托病不受职。次年正月,朱又遣员招谕,方仍持两端。元朝廷要太尉张士诚(据江西、浙西割据势力)出粮、平章方国珍出船,海运漕粮至大都(北京)。由方调船至澉浦接运张士诚输往元廷漕粮11万石运至元都(历3年、5次共海运漕粮48万石)。是年,方在庆元路重修东津浮桥(刘仁本作《平章方公征重修灵桥记》)。至正二十一年(1361)三月方遣使向朱元璋献金鞍玉辔。朱元璋以所需者人才、所用者粟帛,宝物非所好,拒收。至正二十六年四月方向朱献银2万两。十一月朱元璋军攻下杭州。次年四月,朱元璋憎恶方国珍反复无常,下书责罪。五月,方发兵民急修庆元城,四旬而毕。七月,朱令方纳粮30万石。九月,命参政朱亮祖进攻台、温,十月,命左御史大夫汤和率常州、长兴、江阴诸路军讨伐方国珍。十一月初,汤和破余姚,抵车厩,兵临庆元城。方国珍封好府库,开具民数,使部属出城迎,自己挈妻孥乘大舶逃海上。九日,汤和入庆元城,出榜安民。十二月初五日(时已1368年)方国珍始率部卒9200人、水军14300人、官吏650人、马190匹、海舶420艘、粮食15万余石、银1万两、钱2000缗乞降。方在降表中说:"为泛海计者,昔孝子于其亲也,小杖则受,大杖则走。臣之情事,适与此类。"朱元璋览表说:"孰谓方氏无人,此可以活其命矣。"赐书:"当以汝此诚为诚,不以前为过。"遂促方国珍入朝。方割据浙东,历13年。明洪武元年(1368)改庆元路为明州府,任驸马都尉王恭镇守。方国珍至京师应天府(今南京),授官赐第以终。后,方部将属官,被分徙于江淮和濠州,或逃亡海上。

(四)抗清斗争

顺治二年(1645)清师下江南,六月占杭州。闰六月初九日,余姚孙嘉绩、熊汝霖起兵抗清,黄

方国珍雕像

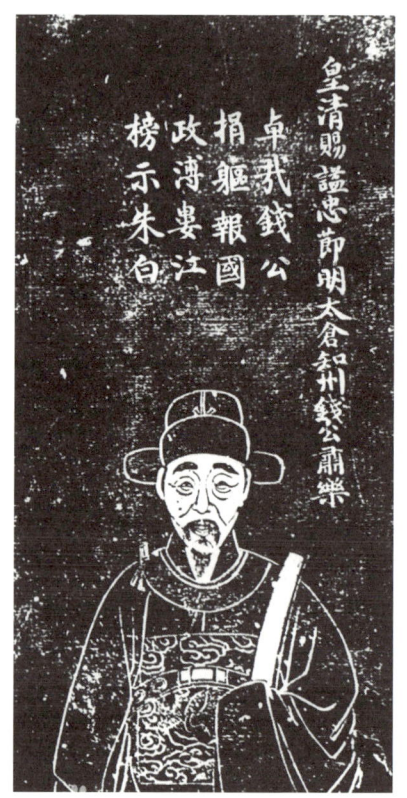

钱肃乐石刻像

宗羲率乡人响应。宁波贡生董志宁谋起兵,诸生王家勤、张梦锡、华夏、陆周明、毛聚奎响应,被称为"六狂生"。明故刑部员外郎钱肃乐在东吴丙舍养病,十日乘轿至城,途遇董志宁,遂定谋,于十二日在城隍庙集议,百姓聚观数千人,有布衣戴少峰大呼曰:"何不竟奉钱公起事!"观者齐应,拥钱肃乐入巡按署。顷刻海道城守营兵不约而至,遂举事。钱肃乐遣客劝定海总兵王之仁来归。鄞县人明太少卿谢三宾已降清,也致书王之仁,要他以所部来斩六狂生和一稚绅(指钱肃乐),事定之后以千金为谢。王之仁两各答书,约以十五日到鄞,会于大校场演武厅。到时坐定,王之仁拿出谢三宾书信,朗诵,谢夺书,王怒,麾军士令斩其首以祭旗,谢哀号跪阶下,愿输万金以充饷,于是释放。既而翁洲参将黄斌卿、石浦游击张名振各以兵来会,定海(镇海)、奉化、鄞县、象山也以兵饷响应。七月十八日会稽郑遵谦等派3000兵至台州迎鲁王朱以海至绍兴监国。钱肃乐遣张煌言(苍水)奉表迎。是月,各路义军会师西兴(今萧山),在钱塘江划江布阵,据守东岸。顺治三年(1646)三月守防钱塘江义军溃败,清军渡浙。六月清师下宁波。

(五)抗英

清道光二十年(1840)英国政府命东方远征军侵华,以好望角海军总司令(官)乔治·懿律为司令,并任其和查理·义律为对华交涉全权正、副公使。6月23日,英舰队因广州防守严密难以进犯,除留舰5艘封锁广东海口外,主力舰队43艘离粤北犯。

次年10月12日,英海军司令巴加自镇海乘汽船窜至宁波府城外侦察。13日,英战舰、汽船各4只,载兵700余人自甬江直犯府城,14日抵灵桥门下,英军长驱直入宁波城。宁绍台道台鹿泽长在镇海开战后逃往上虞,宁波知府邓廷彩、浙江提督余步云于先一日逃至上虞。光绪《鄞县志》记:"镇海既陷,郡城援兵未至,人民倾城奔避,文武官吏相顾无策,出西南门俱遁,英船四艘直至三江口,其酋入城,发伪谕安民,而淫掠不戢,市肆积储为之一空,衙署寺庙,拆毁略尽。"英军掠得"可供两年之用的谷

英法军舰炮轰宁波守城太平军阵地及东门和孔庙（《宁波旧影》）

物和十二万元左右现金、纹银"（宾汉《英军在华作战记》）。当时，清兵援军凭曹娥江而屯，不敢进。英军立普鲁士传教士郭士立为宁波"知事"。

是月，清廷授协办大学士、吏部尚书、道光帝侄子奕经为扬威将军（钦差大臣），文蔚和特依顺为参赞大臣，率军1100余人赴浙江规复失地。奕经在途中羁留苏州50多天，酗酒狎妓，勒索供应。

道光二十二年（1842）奕经奉命收复宁波、镇海、定海三城。奕经在关帝庙求签，图用"五虎扑羊"策（生肖属虎的将军安义镇总兵段永福统率虎头兵——四川调来戴虎皮帽的藏族屯兵，定"四寅期"——寅年寅月寅日寅刻）进师击英夷。

奕经从绍兴移营东关天花寺，对"前营总理"张应云言宁波城内已"设伏周密"，攻城时必会"里应外合"，及英国间谍、慈溪人陆心兰言"宁镇二城守备虚弱，潜师袭之可及也，毋带火器以警敌人"的假情报深信不疑。开兵前四天，曹娥庙鼓乐齐鸣，祭旗张扬，令清兵士气大泄。清兵或由余姚走丈亭，或由慈溪走长溪岭，或由龙头场走雁门岭、澥浦。进兵时只发饷银不发粮米。途中乡民迁避一空，兵士无粮充饥，疲惫不堪。加以连日淫雨，道路泥泞，兵队火炮辎重抛弃满途。清军还未攻城，英军已在宁波

1862年被英军舰炮轰毁的宁波炮台(《宁波旧影》)

城里城外遍贴告条,上书"四寅期"开兵,攻城战早无机密可言。

3月14日四更,清兵分三路反攻宁波、镇海、定海。一路自余姚大隐出发攻宁波府城,由段永福率3600兵主攻,下分两队,一队攻西门(望京门),由土司金川八角碉屯、副将阿木穰率屯兵400名为头敌,游击梁有才等率四川提标兵500名为前锋策应,段永福率贵州提标兵800名为总翼长。另一队攻南门(长春门),由游击黄泰等率甘肃提标兵500名为头敌,总兵李廷扬率江西水师600名为前锋策应,提督余步云率湖北标兵800名为总翼长。然因师期、军机早泄,英军洞开城门,段永福听信陆心兰谎言,以为英军已撤,"直入长春门,至鼓楼,不见一敌。俄,伏发,前锋多死,急退,城上枪炮齐下,别将又绕北门绝我后"(光绪《鄞县志》)。攻南门游击黄泰"遇夷兵于紫薇街,相持两时许。守备徐宜最为猛烈,挺枪先进,群夷环击,刃出于胁,犹奋杀英夷十余人,并擒一人而死"(贝青乔《咄咄吟》)。所谓"里应外合"的城内伏兵亦子虚乌有。巷战中英军以葡萄弹和

1862 年英舰炮轰宁波东门（《宁波旧影》）

铁筒弹猛烈射击，清兵伤亡五六百人。余步云惧敌，其兵未抵城下。黄泰部无援兵，自南门退出，英兵截住后路，黄泰及守备魏启明等阵亡。攻西门一路，刚进望京门月城，便为英军伏兵及地雷所伤，副将阿木穰及 100 名士兵皆战亡，四川守备王国英率部突入月城，腿伤被俘不屈死。"五虎"损兵折将，反为"羊"所扑。败军奔入大隐山，粮绝，益困急，强者劫夺村舍，弱者饿死。此役清军人数虽占优势，然而大刀、长矛和土炮等落后武器，终不敌英军火枪钢炮，反攻宁波之战失败。

5 月 7 日，英军集中兵力犯乍浦，退出宁波府城。随后清参赞大臣齐慎等统兵进入宁波，镇海招宝山仍为英军占据。奕经向朝廷报告宁波大捷，各得封赏。迭次临阵"贪生畏敌、首先退缩"的浙江提督余步云，被革职拿问，于次年 1 月 24 日在京斩决。8 月 29 日，丧权辱国的中英《南京条约》签订，宁波被列为"五口通商"口岸之一。

（六）太平天国

咸丰十一年（1861）5 月太平军侍王李世贤统兵入浙。英国驻华海军司令何伯因太平军占领乍浦，派舰长哕乐德克至乍浦投递照会，要太平军勿攻宁波。同时，向宁波的官员表示愿协助清兵防御。6月，呿乐德克率舰至甬，与宁绍台道道台张景渠会商防务事宜。太平军分三路围攻宁波。黄呈忠部经上虞、余姚、慈溪自北向宁波进攻。范汝增部自嵊县、奉化由南进攻。再一路攻占镇海，自甬江西进宁波。12月2日，英、美、法驻宁波领事代表有雅芝至奉化谒见范汝增，要求七日内勿攻宁波，范允诺。12月7日，太平军黄呈忠、范维邦部攻克镇海县城。12月9日，以七日期限满，南路太平军范汝增部、北路太平军黄呈忠部合力攻打宁波，攻破西门、南门石垒，越城壕，缘梯入，仅用一个小时就攻占了宁波，成为太平军占领的第一个沿海重要港口。清浙江提督陈世章、宁绍台道台张景渠逃入江北岸英国领事馆，乘法国军舰逃往定海。城中官绅豪商躲入外人居留地。太平军布告安民，令蓄长发，易服饰。改宁波府为宁波郡，由慈溪人陆心兰任总制，辖鄞、奉、慈、镇、象五县。照其政权模式，实行分官制度，并采取一系列巩固政权的政策措施，如治理和整顿社会秩序，维持社会安定，清理户口，发放"路凭"，清除陋俗，禁吸洋烟（鸦片）等。

同治元年三月二十四日（1862年4月22日），太平军在宁波府城和义门外鸣礼炮欢迎晋封首王的范汝增返城，流弹波及江北岸，英水师统领抗议，并乘机要挟太平军拆除城上炮台。4月27日，英舰长呿乐德克等率英、法海军自上海赶到，即日要挟太平军移走城上大炮，戴王黄呈忠严词拒绝。

5月8日，英舰长呿乐德克、法舰长耿尼，函胁黄呈忠、范汝增自动退出宁波，又被黄、范严拒。9日，陈世章、张景渠等在江北岸英国领事馆密商攻城计划。至是，麇集镇压太平军的中外军队，有清游击布兴有的广济中军，游击布良带的广济左军，守备张其光的广济右军，都司杨应龙的忠勇军，守备梅有元的劲义军，千总孙琅的配义军，把总陈德明的忠义军，县丞裘钊的靖越军，监生张澍的奋武军，练总李美章的威远军，廪生李锷的四明胜军，同知郑维春的常福军，守备周日升的精义军。继续到达的有游击李光的靖逆军，陈朝云的胜义军，以及洋枪队"常胜军"，计16股军队，多者千余人，少者二三百人。5月10日晨，清军、英法军会合反扑宁波府

1862年英法联军联合攻击太平军所在的宁波城(《宁波旧影》)

城。陈世章和李光率提标陆军,水师游击布兴有、布良带率广济水师战船80艘首攻和义门。呔乐德克率英舰5艘,耿尼率法舰2艘,泊在江上,开炮相呼应。清军及英法海军在舰艇炮火掩护下,于桃花渡、和义渡、战船厂跟多处发起进攻。太平军英勇还击,进行了宁波保卫战。清军和英法炮舰军士用云梯爬城,太平军用长矛挑倒云梯,用粪罐、火弹、石头、砖块作武器,多次击退敌人。呔乐德克冲锋队再次登城,范汝增亲率战士开展肉搏战,"天地暗色,屋宇震荡"。英国军官戴维斯、科诺华、卡农,法国舰长耿尼等被击毙。黄呈忠、范汝增率部激战竟日,伤亡150余人,黄、范也身负重伤。呔乐德克连放子炮,轰坍城堞,清兵大队从缺口涌入,太平军与清兵巷战,不支,下午5时撤出府城。《中国邮报》1862年5月22日报道说:"叛军(太平军)由西门退去,于是海盗入城,他们于数小时内所破坏的较之叛军占领宁波的五个月内所破坏的要多得多。"9月11日,黄呈忠、范汝增、何文庆反攻余姚,失利,遂绕道慈溪长溪岭,经鹳浦(半浦)统兵至鄞西,逼近宁波。9月17日,新任宁绍台道史致谔以宁波吃紧,乞援,李鸿章命华尔率"常胜军"洋枪队1000人(新增)自沪至甬。9月24日,太平军自奉化北渡,经栎社,进攻宁波府城南门、西门,攻不利,退走。

宁波城内的太平天国士兵(《宁波旧影》)

9月25日,李鸿章又自沪增派"常胜军"450人至宁波。

今老城区里,现存战船街、毛衙街、马衙街、郭衙街、君子街、中营巷、后营巷、右营巷等均是与旧时军事设防相关的地名。回顾宁波历代的军事战争,可以说,随着时代的发展,随着交流开放的推进,港口在经济和军事上的概念越来越有重要意义。《孙子兵法》云:"兵者,国之大事,死生之地,存亡之道,不可不察也。"又说,"隘形者,我先居之,必盈之以待敌。若敌先居之,盈而勿从,不盈而从之。险形者,我先居之,必居高阳以待敌。若敌先居之,引而去之,勿从也。"可见,有利的地理位置对于一场战争有着重要的决定性作用。

当然,好战者必亡,我们认识历史,是要以历史为鉴,看战争的残酷,是希望和平,希望宁波城与自己的名字一样——海定波宁。